M&A経営論

ビジネスモデル革新の成功法則

学研ホールディングス 代表取締役社長
宮原博昭 Miyahara Hiroaki

東洋経済新報社

プロローグ　瀕死の学研を救ったのはM&Aだった

『学習』『科学』休刊から13年連続増収へ

「一燈を提げて暗夜を行く。暗夜を憂うることなかれ。ただ一燈を頼め。」

これは幕末の儒学者・佐藤一斎の有名な言葉だ。たとえ暗闇の中であっても、おそれずに自らが灯した光を信じて前へ進め。この言葉を収めた佐藤の著作『言志四録』は、同時代を生きた佐久間象山や横井小楠をはじめ、吉田松陰や久坂玄瑞、高杉晋作、桂小五郎、それに坂本龍馬や西郷隆盛など、明治維新の原動力となった志士たちの愛読書だった。未曾有の国難に直面し、先行きがまるで見通せない中、たしかに頼れるものは己の一燈しかなかったかもしれない。

彼らと名を並べるのもおこがましいが、私が学研ホールディングスの社長に就任したときも、この言葉を心の支えにして自らを鼓舞した。組織のトップに立つという晴れがましさは微塵もなく、ただ火中の栗を拾わなければならないという使命感に支配されていたからだ。

話は今から十数年前に遡る。2009年12月、東京本社で開かれた緊急代理店会議において、遠藤洋一郎社長（当時）から学習雑誌『学習』と『科学』の休刊が発表された。

『学習』の創刊は1946年、『科学』は1957年。ともに学研（当時は学習研究社）の屋台骨を支える刊行物であり、代名詞でもあった。今日の40歳代以上であれば、知らない方はほとんどいないだろう。

最盛期の月間発行部数は、1979年の670万部超。だが1990年代以降は部数減が顕著となり、2009年時点ではわずか約30万部まで落ち込んでいた。一時は1000億円以上あった純資産も、20年近くにわたる減収により4分の3が消滅。2006年度からは、4期連続で営業赤字を計上していた。休刊の決断は必然だったかもしれない。

屋台骨を失った学研は、もうすぐ潰れるだろう……業界では、そんな噂も飛び交っていたと記憶している。創業から60年以上を経て、たしかに先行き不明の暗夜の中に立たされていたことは間違いない。

私が社長に就任したのは、ちょうど1年後の2010年12月だった。詳細は後ほど述べるが、他に担い手が見当たらない中で、遠藤社長から直接拝命した。沈みゆく船をいかに再浮上させるか、その舵取りを託されたわけだ。

結論から先に述べるなら、学研はどん底の2009年を越えて以降、今日（2022年9月期）まで13年連続で増収を続けている。その間、営業収支は2年だけ前年を下回ったが、やはり今日まで8年連続で増益である。

なぜ、ここまで急回復できたのか。最大の要因が、社員のがんばりであることは言うまでもない。数字が伸びず、世間からも没落を揶揄されていた時代、彼らは自信を失って士気を落としていた。しかし、いよいよ会社が沈みかけていると知るや、危機感を募らせてそれぞれが一燈を模索するようになった。わずか一筋でも光明が見えれば、人間はがんばれる。その本気度によって、20年という長いトンネルの先に光を見つけ、浮揚の原動力になったのである。

M&Aの成否は数字ではなく現場で決まる

そしてもう1つ、大きなエンジンとなったのが、積極的なM&A戦略だ。現在、M&Aによって学研グループに加わった会社のグループ全体に占める割合は、売上高で40%、営業利益で56%、従業員数の62%に達している。すでに全社のおよそ半分以上は、新たに学研グループに加わった会社で構成されているのである。

初めてM&Aに着手したのは、社長就任前の2000年代に入ってから。知識も経験もゼロだったが、とにかく手に入れられるだけの解説書を読み漁り、専門家によるセミナー等にも足繁く通った。おかげで概要は理解できたが、やはり座学と実践ではまるで違う。結局、1つひとつの案件と向き合い、試行錯誤し、いくつもの失敗を繰り返しながらノウハウを積み上げていくしかなかった。

もちろん、M&Aの手法や目的はいくつもある。例えばできるだけ安く買い叩き、リストラ等で数字だけ整えて短期でできるだけ高く売り払う、いわゆる〝ハゲタカ〟のやり方もその1つだ。しかしそれでは、一部の者を除いて誰も幸福になれない。

私が目指すM&Aはまったく逆だ。単なる数字のゲームではなく、まず相手をリスペクトし、どうすれば最大のシナジーを生み出せるかを模索する。ひいては関わる社員、取引先、顧客の全員が幸福になれるかを考える。けっして善人ぶっているわけではない。中長期的に考えれば、これがもっと大きな利益を生み出してくれるからだ。

したがって、交渉の過程でもっとも重要なのは、相手と正面から向き合うこと。対等の立場で何度もコミュニケーションを繰り返し、相手について徹底的に知り尽くす。そこにあるのは冷徹な切った張ったの世界ではなく、どこまでも泥臭い人間対人間のぶつかり合いである。

その結果としてM&Aが成立すれば、次はシナジーを最大化するという目標が生まれる。それがお互いの社内の活性化につながり、がんばる社員をいっそう元気にするという意味でのシナジーも期待できる。そういう循環が、今日の学研を支えているといっても過言ではない。かつて暗夜の中で右往左往していたころに比べれば、今は無数の太陽に向けて全力疾走しているような感覚だ。口はばったい言い方をするならば、さながら青春ドラマの主人公である。

「日本型M&A」のすすめ

学研だけの話ではない。M&Aは、産業界全体にもっと浸透していい経営戦略だ。特に日本の場合、少子化による人手不足や事業継承者不足、低成長、外資との競争といった複数の問題を抱えている。そのために、長年培ってきた技術やノウハウやブランドが消失したり、海外へ流出したりするのはあまりにも惜しい。それを食い止める手段としても、M&Aは有効なはずである。1つひとつの会社の規模は小さくても、それぞれ得意分野を持ち寄ってシナジーを活かせれば、強大な外資にも立ち向かえる。むしろ海外に打って出ることもできるはずである。

ただ一方で、M&Aには資本の強者が弱者を食いものにするとか、支配層と被支配層の二極化を生むといったイメージもつきまとう。実際、そういう事例も少なくない。しかし、それ以外のM&Aのやり方も確実に存在するのである。弱肉強食のM&Aを欧米型とするなら、対等に融合を図るやり方を「日本型M&A」と呼んでもいいかもしれない。

先に述べた経緯のため、私は1億円規模から400億円規模までのM&Aを経験してきた。それも最初の作戦立案から交渉、契約成立後の経営改革まで、すべてを現場で網羅してきた。M&Aについてここまで実践を積み上げ、失敗も含めてあらゆる事態に精通している経営者はそう多くないと自負している。

だからこそ、そのエッセンスを本の形で残そうと考えた。周辺情報も知っていただくために経営全般にも触れたが、紙幅の多くをＭ＆Ａに費やすことにした。

かつて私がＭ＆Ａについて学ぼうとしたとき、財務や法務について詳しく書かれた本はあっても、実際の現場で何が行われているのかまではわからなかった。自身が現場で経験してみると、実はそこでのやりとりにこそ、成否を決するもっとも大事な要素が含まれていることを知った。その生々しい現場の声をお伝えすることで、「日本型Ｍ＆Ａ」に対する理解を深めていただくことが本書の狙いである。

より良い形でのＭ＆Ａの成立に多少なりとも貢献できるなら、ひいてはそれが日本の産業界の活性化につながるなら、著者として望外の喜びである。

M&A経営論　目次

第2章　M&A前哨戦──全国47都道府県の進学塾を確保せよ

第3章 V字回復への道──M&Aの光と影

第4章 M&Aを成功させる17の原則

第5章　4年目の落とし穴——経営の手綱を締め直す

第1章
どん底での社長就任

阪神・淡路大震災で身に沁みた組織の冷酷さ

「お前みたいなヤツがいるから、学研がダメになるんだ。出ていけ！」

1986年に学研の神戸支社に勤務地限定社員として入社して間もないころ、私はそう名指しで罵倒されたことがある。場所は有馬温泉の大ホテル。「学研会」という、全国から主に『学習』と『科学』の販売を担う代理店が一堂に会して開かれる会議の場だった。

当時、私は学習塾の「学研教室」を担当していた。生徒を増やすために東奔西走し、それなりに実績を残していたが、逆にそれが災いした。教室が伸びれば伸びるほど、『学習』と『科学』は売れなくなるという誤解が蔓延していたからだ。教室に通う生徒は雑誌を買わないはず、と思われていたのである。だから教室の運営に血道を上げる私は、代理店の方々から目の敵にされたわけだ。

だが、実際にそんなデータはないし、むしろ私は教室の生徒にも『学習』と『科学』を買ってもらえるように推奨していた。私がいくらそう反論しても、もはや聞く耳を持ってもらえなかった。

前に述べたとおり、当時はすでに発行部数のピークを過ぎ、営業利益は下降線をたどっていた。そのことに、代理店もそろそろ神経を尖らせていたのである。仕方なく私は席を立ち、支社から乗ってきた荷物運搬用のライトバンで1人帰路についた。

さらに残念だったのは、その際に誰も私を引き留めようとしなかったことだ。同じ神戸支社からは、支社長も含めて20名ほどが参加していた。『学習』と『科学』も学研教室も、一体で盛り上げて全国を牽引してやろうぐらいの気概を共有しているはずだった。本社や代理店に真っ向から反論はしないにしても、せめて「気持ちはわかる」と声をかけてくれる同僚がいると思っていた。しかしそれは、見込み違いだったらしい。

「こんな会社、もう先は長くないな」

夕暮れの六甲山の山道を下りながら、つくづく思ったものである。実際、その後の経営状態はズルズルと悪化していくことになる。

これだけではない。さらに骨身に沁みたのは、1995年の阪神・淡路大震災のときだった。神戸はまさに直撃を受け、支社をはじめ多くの代理店も教室も被災した。生徒やそのご家族、先生方の安否はもちろん一番大事だが、教室ごと倒壊または焼失したり、教室は残っても教材が失われていたり等々、再開に向けては多様な対応が必要だった。当然、それには相応のコストもかかる。

当時、多くの自治体や民間企業を通じ、全国から被災者や被災地に向けて復興のための義援金を寄せていただいた。学研本社も例外ではない。ところが、学研本社から神戸に配られた義援金の対象は、「学研会」に所属する販売代理店のみ。学研教室は「学研会」に所属していなかったので、1円も配られなかったのである。

もともと神戸の教室の運営はすべて私の部署でコントロールしていたので、資金さえあれば教室の再建も教材の調達もすべて可能だった。私は東京の本社に赴き、その旨を重役会議で訴えたこともある。

ところが、返ってきた言葉は「お前が考えることではない」。

もしかすると、〝嫌われ者〟の私の申し出だから、けんもほろろに扱われたのかもしれない。だとすれば、教室の先生方に申し訳が立たない。そこで私は全国の学研教室の先生方や担当者に直接手紙を送り、教室ごとでの義援金の募集をお願いした。学研本社とは袂を分かち、教室は教室で助け合うしかないと考えたのである。

ちなみにこのとき、真っ先に義援金を送ってくださったのが、群馬支社の教室担当だった中嶋恭子さんだ。どれほど感謝し、心強く思ったか知れない。後年、私が社長に就任したとき、最初に挨拶に向かった先が群馬支社だったのはそのためである。

傍流の増収増益事業「学研教室」の悲哀

学研の迷走は続く。阪神・淡路大震災から3年後の1998年度には、創業以来最悪となる約46億円の営業赤字を計上。約20年前の1979年度（決算は8月）に過去最高の約120億円の営業利益を叩き出して以来、ほぼ一貫して下降し続けた結果だ。

この年、全国に46あった支社体制の廃止が始まった。徐々に数を縮小し、2001年までにゼロにした。それもずいぶん乱暴なやり方で、正社員が東京本社に戻される一方、現地採用の嘱託社員や臨時社員は雇い止め。やはり現場を軽視していたのである。

支社が消滅すれば学研教室の現場が混乱することは間違いない。もともと支社の組織構成は本社の各事業本部の体制にならっており、第1事業本部が『学習』『科学』、第2事業本部が保育、第3事業本部が高額商品の家庭訪問販売、第4事業本部が中学生向け学習参考書・ドリルの『マイコーチ』となっていた。歴史の浅い学研教室は、単独の事業本部を持っていなかった。だが低迷する各部門を尻目に、学研教室だけは年々増収増益を続けていた。全国制覇も維持したいし、まだまだ伸ばせる自信もあった。そのためのフランチャイズ契約や新規雇用を担う事務局として、支社は不可欠だったのである。

そこで私は、大急ぎで当時の小松敏郎社長に直接企画書を提出し、各支社の代わりに事務所を設置する了承を得た。それから約2カ月間で、会員数に応じて最低限のスペースと機能を持たせるだけという条件を自らに課し、全国の地域ごとに細かいコスト計算まで行って、数にすると48という設置場所を決めた。例えばその中には、個人宅の倉庫を月額3万円で借り受けたものもある。とりあえずこれにより、学研教室の命脈を保つことができたのである。それは同時に、学研本体から半ば独立したことも意味する。

ただ、神戸の小さな事務所で全国の事務所と教室を統括するのはさすがに無理がある。そこで浜松を境界線にして東西に分け、東日本を「東日本総括事務局」が、西日本を「西日本総括事務局」が見ることになった。それでも西日本の教室が全体の6割を占めるため、まだ負担が大きい。

そのため、せめて大阪に拠点を持とうと本社に打診した。毎週のように上京して会議に出席し、具体的に候補物件をいくつも挙げて許可を求めた。ところが、ことごとく却下。会議室は不要のはず、応接室があってはダメ、坪単価が高過ぎる、などがその理由だ。要するに本流の業績が厳しいため、傍流である学研教室に余計なお金を出したくなかったのだろう。

それならばと、仕方なく神戸に新たな拠点を求めたが、これもすべて却下された。こんな調子がずっと続くと、ふだんけっして感情的にならない私もさすがに頭にくる。落胆と怒りを抱えたまま、その会議を後にした。

おそらく、それが表情にも表れていたのだろう。1週間後、小松社長がわざわざ神戸を訪れて、「サインしておいたよ」と仰る。神戸の新しい事務所について、社長直々に認可してくださったのである。あまりに不憫に思われたらしい。

こうして西日本総括事務局はようやく神戸で発足し、私は初代の総括事務局長に就任した。以来、低迷する学研の中で、学研教室は大きく成長を遂げることになる。

強い肩書がなければ、組織を変えることはできない

ただし、傍流としての扱いは変わらなかった。当初の肩書は「西日本総括事務局長」。「総局」とは雑誌・書籍の編集部門に与えられる名称であり、教室ごときが使ってはいけないとされたのである。

だから、旧支社から模様替えした事務所はすべて「事務局」と呼ばれ、さらに拠点以外の事務所は「分局」を名乗ることになった。先の経緯で拠点にならなかった大阪の事務所でさえ、「大阪分局」である。

本来、世間に対してなるべく大組織のように見せようとするのが企業の性分だろう。ところが当時の学研には、まったく別の論理がまかり通っていた。傍流はあくまでも傍流であり、どれだけ数字が良くても本流より目立ってはいけない、ありていに言えば出世されては困る、というわけだ。

しかし、そこは本社に戻ってから抵抗して後に変更できた。ようやく「事務局」は「支社」に、「分局」は「事務局」に、私の肩書は「西日本総括事務局長」から「西日本総局長」にそれぞれ〝格上げ〟されたのである。

こうした経緯で強く思ったのは、権限や肩書の重要さだ。とにかく強い権限を持たなければ、

組織を変えることはできない。当時の私は、仮に1億円の予算をもらえれば10億円にして返すぐらいの自信を持っていた。あるいは全体会議や地域ごとのブロック会議などの場で、成功事例があれば積極的にノウハウを公開してきた。各地域がこの例に倣えば、全体の売上も利益も大きく上がるはずだった。

だが、聞く耳を持ってもらったとは言い難い。それは私の独立独歩なやり方への抵抗もあっただろうが、やはり権限の小ささが主な要因だ。しかも権限がないために、辞めていく人を引き留めることも、新たな人材を登用することもままならなかった。いくらトップの成績を持っていても、所詮は組織の歯車でしかなかったのである。

それに私は神戸支社時代に、『学習』と『科学』の販売や教科書の出版など、学研教室以外の事業にもひととおり関わる機会があった。先輩社員から愚痴を聞くこともよくあった。そのおかげで、この会社全体の状況や問題点もわかっていた。こういうことは組織の上にいると気づきにくいが、下からはよく見えるのである。

このあたりから、私は社内でより高い肩書を持つことを意識するようになる。組織を変革するには、決裁権と人事権を行使できる権限が欠かせない。「西日本総局長」となったのもその一環だが、まだまだ足りなかった。

実は以前から、「東京本社に転勤せよ」という要請は本社から何度となく受けていたが、そのたびに断っていた。ここまで述べてきたような苦い経験を経て、正直なところ経営陣に嫌気がさしていたからだ。比較的自由が利く神戸に根を下ろし、ここから日本一を狙おうと考えていたのである。実際、総局長としての数年間も、ずっと前年を上回る結果を出し続けた。

ところが2004年、そうも言っていられない事態が起きる。またも東京転勤の打診が来るとともに、もし私が断れば、代わりに教室担当の本部長にはX氏が就くという話が持ち上がったからだ。仮にそうなれば、X氏が私の直属の上司となり、しかも教室事業全体が崩壊の危機に瀕する可能性もあった。

さすがにそれは避けなければならない。そこで私はついに折れ、断腸の思いで神戸を離れて東京本社へ異動することになったのである。

東京本社で撤退戦の責任者に

「お前が本当に来てくれるとは思わなかったよ」

東京本社で遠藤洋一郎社長（2001年より就任）にお会いしたとき、開口一番嬉しそうにそう言われたことを覚えている。それほど異例の人事だったということだ。勤務地限定社員が本社の本部長に就任するケースは過去になかった。もっとも、西のほうに成績はトップだが本社行きを拒否している変なヤツがいる、という噂は流れていたらしい。

だが本社で目の当たりにしたのは、凋落ぶりだった。全体的に沈滞ムードが漂い、緊張感がない。会議となれば居眠りする者も多数。自分が一生懸命に働かなくても、誰かが稼いでくれるだろうという無責任主義がはびこっていた。もはや時代の変化に順応できていないことは明らか。端的に言えば、歴史と知名度にあぐらをかいた大企業病に陥っていたのである。

また私自身、けっして本社から歓迎されたわけではなかった。役職的には全国の学研教室の責任者だが、計80人ほどいる部長の末席である。しかも書籍・雑誌の編集部門こそ主流という意識が強いので、やはり傍流でしかなかった。それに、私は末席だからとおとなしく言うことを聞くタイプでもない。その意味で、迎える側にとってはむしろ生意気だから叩いておこうという意識のほうが強かったかもしれない。

実際、教室とは別に、複数の赤字部門の処理を任されることになった。だがこれにより、撤退戦略を練るという事業運営に欠かせない経験を積むことができたのである。

軍事史を振り返ってみても、撤退戦がいかに重要かは明らかだ。例えばあの織田信長が朝倉義景と浅井長政の挟み撃ちに遭った「金ヶ崎の戦い」では、木下秀吉や明智光秀が〝しんがり〟を務めて撤退に成功した。もし戦略なく全軍が慌てて逃げ出していたら、さしもの信長も命を落としていただろう。そうなれば、その後の日本史は大きく塗り替わっていたに違いない。

ビジネスも同様。事業に失敗はつきもので、連戦連勝はあり得ない。仮にそういう企業があるとすれば、むしろ何もチャレンジしていない証拠だろう。問題は、いかに失敗の損害を最小限に抑えるか、そして次のチャレンジにつなげるかである。

例えば、私が撤退処理を任された事業の1つに「ほっぺんくらぶ」がある。もともと『学習』と『科学』の事業部が全国47都道府県に持っていた母子一体の幼児教室だ。子どもだけを集める教室はいくつもあるが、お母さん・お父さんも一緒に学べるスタイルはここしかない。その意味で非常に価値のある事業だが、世の中のニーズとはズレて大赤字を抱えていた。全国的に見れば、むしろ子どもを教室に預けている間に買い物に行ったり、用事を済ませたりしたいという保護者のほうが圧倒的に多かったのである。

ただし、大都市圏にあるいくつかの教室は黒字を確保していたため、13の都道府県については存続させることにした。ここでまず問題になったのが、これまで働いていただいた先生方の処遇だ。ルール上、全員雇い止めということになっていたが、存続する教室についてはそのまま移行してもらったほうがお互いに助かる。私はそう判断して、できるかぎり再契約の手続きを進めた。

ところが、これが人事部の逆鱗に触れた。ルールを勝手に改変してはいけないという。ただ私もある程度の権限を持っていたので、契約書にサインし続けた。

「ほっぺんくらぶ」は現在も一部で存続しているが、けっして全面撤退すべきではないと思っている。むしろ捲土重来を期し、ふたたび全国展開のプランを練っている最中だ。先述のとおり珍しい形態の教室であり、また本来、教育の機会に地域差があってはいけないという教育事業者としての矜持もあるからだ。

都会の裕福な家庭の子どもだけが、高額な塾に通って受験に必要な技術と知識を身につけられるようでは不公平だろう。たとえどんなに地方でも、また家庭が豊かではなくても、コツコツがんばっている子どもやその保護者の方を支援することが、学研に与えられた責務だと思っている。

今は共働きの家庭が増えている分、ニーズは以前より細っているかもしれない。下手に全国展開に戻すと、大きな赤字を抱えるおそれもある。しかし、いかに日本の教育に貢献するかが学研の使命だ。黒字化に向けていろいろ策を練る必要はあるが、検討しないほうがおかしい。

事業は撤退しても、生徒に対しては卒業まで責任を持つ

また当時、学研は家庭教師の派遣事業も行っていたが、これも大赤字。そこで大手の家庭教師事業会社をグループに加え、事業を引き継いでもらうことにした。それが現在の「学研エル・スタッフィング」だ。同様の手法で整理・統合し、学研本体から赤字を切り離した部署はいくつもある。

そしてもう1つ、学研は「大学受験指導センター（ジー・アイ・シー）」という予備校を運営していたが、閉鎖を決定。その処理も任された。しかし、生徒さんの中には当然ながら受験を目前に控えた高校3年生もいる。彼らを会社の都合でいきなり放り出していいはずがない。それは「教育」を看板に掲げる学研の最低限の矜持だろう。かと言って、これ以上赤字を膨らませることも許されない。

ではどうするか。さんざん悩んだ末に出した結論は、在籍している生徒1人ひとりが受験本番を迎えるまで、それぞれに地域で最優秀の家庭教師をつけるというものだった。後から考えれば当たり前のアイデアのように思われるかもしれないが、ここに至るまでに侃々諤々《かんかんがくがく》の議論を繰り広げた覚えがある。

結果的には、これが予想以上に好評だった。予備校の閉鎖に対するクレームは皆無だったと記憶している。形は変わったが、より良いサービスで最後まで面倒を見てくれる会社として、面目を保つことができたのである。また学研にとっても、校舎の家賃や事務スタッフのことを考えれば、家庭教師を派遣するほうがずっと経費を抑えることができた。我ながら非常にうまく行った撤退例だったと思う。

ちなみにこのとき、九州地方のある校舎に1人の優秀な講師がいた。当時の学研の九州支社長はその能力を高く評価し、「彼を学研に残すべきだ」と私に提案。しかし講師陣は一律に雇い止めと決めていたし、予備校自体も閉鎖するので働き場がない。雇うだけの予算もない。だから「それはできない」と却下したが、支社長はなおも食い下がる。

「ならば私が学研を辞めます。代わりに彼を雇ってください」

そこまで言われれば、こちらも検討せざるを得ない。結局、その講師を学研の嘱託社員として採用することにした。また支社長には少々意地悪をして黙っていたら、講師の採用を見届けた上で、本気で辞めるつもりだったらしい。こういう立派な〝侍〟を放っておくわけにはいかない。

私が謝りながら慰留し、現在も在籍してもらっている。

その講師はたしかに優秀で、嘱託社員からやがて正社員になり、現在は学研ホールディングス執行役員と「学研教室」を中核事業とする学研エデュケーショナルの社長を務めている。

合理的判断で取引先を全面見直し

さらに、軋轢を覚悟の上で取引先との関係も見直した。例えば私が東京で最初にメスを入れたのが、物流コストだ。当時、学研教室の生徒向けに教材セットを送ると、契約していたグループ物流会社から1件につき３５００円も請求されていた。これほど取られるなら、独自に物流システムを立ち上げたほうが安くなる。

そこで、グループ物流会社との契約を破棄したところ、呼び出されて「お前なんか絶対に出世させない。裏で工作してやるからな」と凄まれた。気持ちはわからないでもないが、私は別に出世したかったわけでもないので、さして気にもならなかった。なおその後、何らかの「工作」が行われた形跡を、少なくとも私は知らない。

あるいは教室で使う教材等の印刷についても、より安価な印刷会社に切り替えた。コストをできるだけ抑えることは、企業にとって当然の行為だろう。ところが契約を打ち切った印刷会社の中には、学研の株を持っているところもある。そのうちの1社からは何度も呼びつけられ、「お前を株主総会でクビにしてやる」と息巻かれた。こういう内外の軋轢は、茶飯事だった。

それでも耐えられたのは、学生時代にもっとしんどい思いをしてきたからだ。私は防衛大学校出身であり、また非常に厳しいことで知られていた兵庫県の白陵高校の出身でもある。後にも詳しく述べるが、両校では精神的にも肉体的にも徹底的に鍛えられた。また自分の能力を最大限に引き出さなければ生き残れないことも教えられた。当時の過酷さに比べれば、ビジネス現場の〝修羅場〟などはたかが知れている。その思いは、今もまったく変わらない。

「四面楚歌」の中で社長就任

以上のような仕事と並行しながら、学研教室は相変わらず好調を続けた。さすがに規模が大きくなって、これまでのような成長率とまではいかなくなったが、社内で突出した数字を残したことは間違いない。

それとともに、社内ではしだいに次期社長として私の名が挙がるようになった。私のことを好ましく思っていなかった一部の役員陣や幹部社員も、自らの数字を上げられない以上、対抗馬にはなりにくい。それに何より、沈みかけた船の船長になど誰もなりたがらなかった。私は出世レースでリードしたというより、いつの間にかトップの席へあぶり出されたのである。

前任の遠藤社長から社長室に呼ばれ、就任の打診を受けた際には、私は「やります」と即答した。トップに立つという高揚感などはなく、ただ火中の栗を拾わなければという心境だった。

遠藤社長によれば、私は「逃げない男」であり「玉砕しない男」とのこと。たしかにこのあたりは防衛大学校で培った精神で、自分たちが逃げたり玉砕したりすれば国家が滅びる。だから胆力と冷静な判断力は相応に持ち合わせていると自負している。遠藤社長はそれを見抜いておられたのだろう。

かくして東京勤務からわずか6年の２０１０年12月、私は51歳で社長に就任した。遠藤社長とは17歳差。異例中の異例の人事だったことは言うまでもない。それだけ学研が緊急事態だったということだ。

ただ先にも述べたとおり、学研には「雑誌・書籍の編集にあらずんば人にあらず」という風潮がまだ残っていた。実際、歴代社長の多くは編集長の経験者だった。しかも私は中途採用で、勤務地限定職の出身でもある。

だから就任の際、先々代の小松社長から「お前は傍流、異分子だから苦労するぞ」とさんざん忠告された覚えがある。小松社長は『高校コース』という雑誌の編集者も歴任されたが、傍流のテスト事業経験も長かったので、いろいろ苦労されたのだろう。あるいは事情を知る周囲の人も異口同音だった。

さらに言えば、先代の遠藤社長と私とでは17歳の年齢差がある。若返ったと言えば聞こえはいいが、私以外の役員はすべて年上。また社内全体としても、トップの交代に対して特に反応はなかった。

実は私は、社長就任前の同年7月に自ら頼んで子会社の学研教育出版の社長に就いていた。相変わらず「編集にあらずんば人にあらず」という考え方が根強いので、傍流の私がいきなりトップに就任すると、「編集がわかる人間でなければ困る」と余計な波風を立てかねない。私は神戸時代からあらゆる分野に携わっていたので、編集業務も経験していた。だがそれを口で説明しても、なかなか理解されないだろう。だから、出版系の社長を経験することで〝実績〟を積んだわけだ。

それが奏功したためか、編集部門から反発するような声は上がらなかった。一方、編集部門以外からの就任なので営業部門からは支持されると聞いていたが、残念ながら実際にそのようなこともなかった。

つまり、全社的に無反応。トップが誰になろうが、あまり関心がない様子だった。業績は低迷し、士気は落ち込んでいたが、中堅社員以上は全盛期を知っている。だから危機感がなく、少なくとも潰れることはないと信じ込んでいたのである。それほど大企業でもないが、症状だけは典型的な大企業病だ。

したがって、社内に私の〝支持層〟は特になし。それに私は昔から派閥のようなものをいっさい作らなかったし、作りたいとも思わない。社長に就任する際も、側近として気心の知れた誰かを抜擢する、などということはまったくしなかった。その結果、四面楚歌の体制で全社の経営に乗り出したのである。

ただし、これまでも全社をつぶさに観察してきたので、トップに立って戸惑うことは特になかった。唯一わからなかったのが、学研の古い歴史だ。さまざまなトピックについて、具体的に何が起きていたのか。これぱかりは社内で聞いても誰も答えられないので、過去のあらゆる記録をむさぼり読んだり、時間を見つけてはOBの当事者の方々を訪ねて穴を埋めていった。

社内改革は社員の意識改革から

社長に就任したとき、最初に意識したのは社員全員に会社の数字を周知徹底させることだった。売上高はバブル全盛期に当たる1990年度の1700億円超をピークに年々減少し、2006年度以降は半分以下の800億円弱で推移していた。また営業利益も1999年度以降はプラスに転じていたが、06年度からふたたび赤字に転落。09年度は上半期だけで26億円の赤字だった。

ところが先に述べたとおり、社内には大企業病が蔓延していた。もともと優秀なはずなのに、いわゆるお役所仕事的につつがなく働けば地位も給料も永遠に安泰と考える社員が多かった。そこでその意識を根本的に改め、このままいけば潰れるという危機感を共有してもらおうと思ったのである。

では具体的に、どうやって学研を立て直すか。私は何か策を打ち出す際、防衛大学校で学んだ「5×4×3×2×1」の作戦立案方式を実践している。まず5通りの大きな作戦を作り、それぞれの作戦が失敗した場合の代案を4通り作り、さらにそれぞれが失敗した場合の3案、2案と策を考えるもので、都合120通りの作戦を立てることになる。

戦場での失敗は兵士の死のみならず国家の滅亡を意味するので、これは周到な準備をした上で成功するまで戦い続けるという哲学でもある。スタートの際に撤退プランを考える民間企業とは真逆で、成功するまでやるプランである。

社長としても同様、やはり最初に5つの策を構想した。このうちもっともハードかつ即効性がある策は、リストラも含めて人を大幅に入れ替え、組織を根底から作り直すことだ。社長という立場であり、しかも支持層ゼロの得体の知れない存在だったからこそ、やってできないことはなかった。

だが、それを実行するには組織の体力が落ち過ぎていた。とにかく20年間負け続けたチームのメンバーが、そのままレギュラーとして残っているのである。監督が代わっただけで強くなるはずがない。せめて3~4人のエースストライカーは必要だろう。

では他チームから優秀なプレーヤーをスカウトできるかと言えば、それも難しい。探すことはできても、雇うだけのお金がない。それに彼ら彼女らが、沈みかけた船で働く気になるとも思えない。優秀であるほど、その能力にふさわしい職場を求めるはずである。

だとすればまったく違う策、つまり現有勢力で、それもソフトな方法で体制を立て直すしかない。私は向こう3年間をその内部改革に充てることにした。何冊もの経営書やビジネス書を読み漁り、できそうなことは片っ端から実行した。

最優先課題は社員の意識改革であり、仕事への意欲を高めてもらうことだ。些細なことだが、例えば社内報『学研ライフ』を1色印刷から4色（カラー）印刷に変え、内容も充実させた。逆に言えば、今どき上場企業で1色印刷の社内報に疑問を持たないほうがおかしい。それだけ士気が落ちていたということだ。

また私も社員に向け、ブログを書いて配信することにした（現在も継続中）。あるいは本社にいる1800人の従業員全員の顔と名前を覚えようと、1人ひとりに声をかけた。基本的に昼食はとらずに働き続ける主義だが、この時期は社員とざっくばらんなコミュニケーションを図るべく、社員食堂をよく利用した。

あるいは「ジュニアボード」という制度を立ち上げたのもこの時期だ。これは中堅社員に役員会議レベルの課題を議論してもらう場で、経営感覚・経営意識を養うことを目的としている。また「G－1グランプリ」という、社内から新しい事業企画を募るイベントも発足させた。言うまでもなく、社員のやる気を引き出し、本来の能力を発揮してもらうことが目的だ。実際、これをきっかけに生まれた事業も2つある。

結果的に、この3年間は黒字に転換し、急速に右肩上がりの成長軌道に乗ったように見える。

ただし、売上高がそれほど大きく伸びたわけではない。要するに教科書どおり、ムダな経費の削減などによって利益を押し上げた部分が大きい。本格的な構造改革は、まだまだこれからという状態だった。

学研が医療福祉事業へ進出した理由

内部改革ばかりでは人件費を賄えない。そこでこの3年間で、1つだけ大きなチャレンジをした。将来の成長を見据え、子会社の「学研ココファン」になけなしの資金を投資したのである。いわゆる経営の「選択と集中」だ。それはちょうど、日露戦争前の日本が国費の実に35％を軍事費に充て、軍艦を1隻ずつ買って開戦に備えた状況と似ているかもしれない。

「学研ココファン」は高齢者支援事業を展開する会社で、「サービス付き高齢者向け住宅（サ高住）」の管理・運営が主な業務だ。今日では学研を支える大きな柱の1本に成長したが、当時はまだ手探りの状態だった。

そもそもなぜ、教育事業を営む学研が高齢者向けの事業を始めたのか。話はこれより10年ほど前、2000年代初頭に遡る。

当時はまだ『学習』と『科学』を訪問販売していたが、ジリ貧だったことはすでに述べたとおり。少子化の影響に加え、共働き家庭が増え、平日昼間に訪問しても留守がちだったことも一因だ。10軒訪問したとして、在宅の家庭はせいぜい2軒ほど。しかもその2軒のうち、ご両親もしくはご両親のどちらかが在宅の家庭はほんの1軒。もう1軒は祖父母がいて、親の代わりに孫の面倒を見ているという状態だった。

祖父母世代と子ども向け雑誌の営業の話はできない。しかし何度が訪問しているうちに、気心が知れて世間話をするようになり、やがて身の上話に変わる。そうすると、「子どもと同居して世話になるのではなく、その近所に年金で暮らしていける場所がほしい」という相談を受けることが何度もあったという。

そこで、後の学研ココファンの社長（現ＣＥＯ）をリーダーとする営業チームは、高齢者向けの新規事業を思い立つ。２００３年に20代の若手社員だけで「ウェルネス事業準備室」を設立。それが翌04年に学研ココファンとして子会社化されたのである。

当初はデイサービスや物販などを手がけたが、赤字が続いた。試行錯誤の末にたどり着いたのが住宅事業。日本で初めて高齢者専用賃貸住宅（高専賃・現サ高住）の提供を開始したのである。もともと日本には特別養護老人ホーム（特養）や老人介護保険施設（老健）がある。しかし周知のとおり、倍率が高くてなかなか入れない。一方、民間の有料老人ホームもあるが、こちらは入居金だけでも高額になりがちで、主なターゲットは富裕層だ。したがって、ふつうの高齢者が入居できる施設は圧倒的に少なかった。そこに大きなニーズがあると考えたのである。

つまり学研にとって、高齢者向けの事業はけっして突飛な展開だったわけではない。あくまでも足で情報を得て、高齢化による問題を肌身で感じたからこそ生まれた事業である。ついでに言えば、現在の高齢者なら『学習』と『科学』の認知度は抜群だ。「あの学研が提供するサービスなら間違いないだろう」と信頼を寄せていただいている部分も大きい。

私は、あらゆる事業展開はこうして既存事業から派生する形が王道だと思っている。例えば先の「学研教室」を始めたのも、もともとは『学習』と『科学』から派生した教材を子どもたちがあまり活用せず、親御さんも忙しくて教えていないという実態を掴んだことがきっかけだった。ならば子どもたちを集め、先生に使い方を指導してもらえるようにすればいいと考えたのである。つまり、「教材＋先生」というイノベーションだ。

あるいは昨今で言えば、ＤＸ（デジタル・トランスフォーメーション）の推進もその１つ。コロナ禍の影響もあり、オンラインによる学習システムの需要が急速に高まっている。この分野を次の柱に育てることが、目下の課題だ。

「サ高住」を一気に70棟建設

それはともかく、私は「学研ココファン」の事業こそ教育分野とは別の大きな柱に成長すると信じていたし、また伸ばさなければいけないと使命感を持っていた。だから社長に就任して早々、他の分野の投資を抑える一方で、この事業だけは重点的に予算を振り分けたのである。それも

3年間でおよそ70棟を一気に建設し、その後も1年に15棟のペースを続けた。

ただし、これはきわめて大きな賭けでもあった。高齢化がますます進展することは間違いなかったが、当時はまだ「サ高住」という概念もないし、法律的にも未整備だった。基本的には高齢者専用の賃貸住宅で、「サービス」と言っても一般的な介護サービスではなく、安否確認や生活支援が中心。つまり、比較的健康で自律的な生活を求める方を想定していたわけだが、需要は未知数で手探りのスタートだった。場合によっては、さらに赤字を膨らませることにもなりかねない。そうなれば、いよいよ学研の歴史に幕を下ろすことになるだろう。

例えば規模。1棟につき何室を用意すれば入居者にとってもっとも快適で、事業として黒字化しやすいのか。また一般的なマンションとは違い、24時間体制で常駐するスタッフのコストも上乗せして計算する必要がある。また仮に全室が埋まったとしても、計画・着工から受け入れ体制を整えるまでには当然タイムラグがある。体力の落ちた学研が、その間の建設費や固定費の持ち出しに耐えられるかという問題もあった。

言い換えるなら、今でこそ当たり前の「サ高住」を初めて社会に提供したのは学研だったということでもある。社長就任から今日までの10余年を振り返ると、実はこれが最初で最大の勝負だった。

そのため、ずいぶん緻密な計算もした。例えば学研の決算月は9月なので、施設のオープンはできるだけ10月にした。全戸に入居するまでざっと1年半と見積もり、1年目の赤字は仕方がないとしても、年の後半にある程度埋まっていれば、通期決算時にはその分だけ赤字幅を縮小できるからだ。

ちなみに当初、担当者は「8カ月目から1年で満室にしてみせます」と豪語して張り切っていた。そのとおりにいけば、1年後の決算では黒字化も視野に入る。だが、さすがに世の中の認知度が低かったせいもあり、早々に白旗をあげた。AプランからBプランに移行し、「1年2カ月から1年5カ月の間に変更します」とのこと。これで早期黒字化の道は絶たれたが、赤字が膨らむわけではない。おかげで最初の3年ほどは、学研の体力の限界とのマッチレースのような様相だった。

そして現在、「学研ココファン」の棟数は全国に190以上(2022年9月現在)。当初の目論見どおり、学研にとって教育と並ぶ大きな柱に成長した。業績を振り返ると、2009年を境に文字どおりのV字回復を遂げているが、その原動力は間違いなく「学研ココファン」である。

断罪すべきは敗北ではなく、勝利の中の「逡巡の罪」

試行錯誤の結果、「学研ココファン」の最適な規模は1棟につき60~80室であることがわかってきた。その全室が埋まれば、確実に利益を生む。しかし40室前後では、全室が埋まっても赤字のまま。これは、実際に運営を始めてからわかったことである。1年目に建てた15棟で言えば、ざっと10勝5敗といったところだろう。トータルで見れば、黒字化まで3年を要した。授業料としては大きいが、おかげで実践的なノウハウが見えてきたわけで、けっしてムダな赤字ではなかった。

重要なのは、その経験をしっかり検証することだ。先にも述べたが、「学研ココファン」にかぎらず、あらゆる事業には成功も失敗もある。チャレンジングであるほど、その成否はやはり8勝7敗あたりがいいところだろう。

このうち「7敗」の損失額はすぐに計算できるが、もっと着目すべきは「8勝」の中身。がんばれば4倍の利益を上げられたのに、2倍の利益しか上げていないとすれば、それを真の勝利とは呼べない。あるいは過去に4倍の利益を上げていたのに、今は2倍まで落ちているとすれば、どこかに原因があるはずだ。黒字に安住することなく、そう常に考え続けることが事業を大きく伸ばす秘訣だと思っている。

ではなぜ、本来上げられるはずの利益を上げられないのか。大きな原因として考えられるのが、リスクをおそれてチャレンジしないことだ。私はこれを「逡巡の罪」と呼んでいる。まず、「7敗」をゼロにしようと考えてはいけない。それならチャレンジしないことが一番だからだ。むしろ「7敗」を覚悟した上で、「8勝」の上乗せを狙うのが正しい。それによって、実質的に10勝5敗ぐらいのレベルまで引き上げるわけだ。

実はここが、経営上で見えにくいところでもある。例えば2の利益を上げた責任者は、それだけである程度評価される。しかし、もしかすると4の利益を上げられたのに、「逡巡の罪」を犯して2に留まったのかもしれない。だとすれば、その責任者は評価どころか責任を問われるべきだろう。

戦って負けたのなら、責めない。しかし戦わずに逃げたり、もしくは勝ち組であるかのように勘違いしていたりしたら、その罪はきわめて重い。

いずれにせよ、社長就任から3年間は、M&Aや塾の新校舎設立をすべてストップし、「学研ココファン」を除いて内部改革に終始した。これにより、学研は一時の危機を脱することになる。だが成長軌道に乗ったように見えたのも束の間、4年目あたりからまた停滞し始め、新たな試行錯誤が始まるのである。

第2章

M&A前哨戦
——全国47都道府県の進学塾を確保せよ

もはやM&Aに賭けるしかない

学研のV字回復の歴史は、M&Aの歴史でもある。２００７年以降に仲間に加わった企業は全部で31社（２０２２年４月まで）。現在、グループ全体に占めるこれらの企業の割合は、従業員数で62％、売上高で40％、営業利益で56％に達している。学研のおよそ半分の価値を彼らが生み出しているわけだ。

ただし、最初のころは試行錯誤の連続で、表に出ないまま失敗した案件も少なくない。本章では、そのあたりの経緯を明らかにしてみよう。

なお、M&Aは一般的に「企業の合併・買収」などと訳される。だが私は、けっしてそういう言い方はしない。メディアから取材を受けた際も、「買収」とは表記しないようにお願いしている。さながら占領軍のように、新たな支配者として君臨するようなイメージになるからだ。

たしかに手続き上は株式や資産を買って経営権を取得することになるが、そこに上下関係は存在しないし、させてはいけないと思っている。代わりに使う言葉は、「グループ・イン」だ。同じ仲間になって協力し合い、高め合おうというニュアンスを込めている。

それはともかく、私がM&Aというものの存在を知ったのは、神戸から東京に出てきて間もない２００５年ごろのことだった。当時、社内の保育事業部の主導により、保育園などを運営する

A社と合弁会社を立ち上げる案件が持ち上がっていた。

それまで学研は、保育園に教材などを納入する業者の1つに過ぎなかった。しかしそれでは、事業として広がりがない。そこで、保育園の経営そのものに進出しようと考えた。それもゼロから立ち上げていては時間がかかるし、ノウハウもないので、既存の保育園から経営権の半分を取得しようという話になったのである。私は部長会の末席でこの議論を聞きながら、「そんなことができるのか」と驚いた覚えがある。

保育園でやろうとしたことなら、私が担当していた進学塾（当時は「才能開発グループ」に所属）でもできないはずはない。既存の優れた進学塾と優れた教材作りの実績がある学研が手を組めば、双方のシナジーは計り知れない。

私はこの会議の直後、直属の上司だった常務取締役にその旨を確認した。「やっていいんですか？」と。すると常務も「当然だろ」と即答。その瞬間、初めて「東京に出てきてよかった」と思えた。

それ以降、私はM&Aについてゼロから勉強を始めた。関連する本を数百冊単位で読み漁り、セミナーや講演会があると聞けば有料・無料を問わずに駆けつけた。だが、早々に壁に突き当たることになる。少なくとも当時、M&Aの実践的なノウハウを教えてくれる本やセミナーはほぼ皆無だった。大企業の経営戦略として、数百億円規模の大型M&Aの有用性を称えたものはある。あるいは財務上の処理や法的なルールを解説したものもある。ところが、件数としてはもっとも多いであろう数億円から数十億円規模のM＆Aについて、最前線に立つ担当者が具体的にどう動けばいいのかについては、誰も教えてくれなかった。

たしかにM＆Aはケース・バイ・ケースだから、一概に「こうすればいい」とは言えない部分もある。結局、案件ごとに試行錯誤しながら、あるいは他社の成功事例・失敗事例から学びながら、自ら経験を積み上げていくしかなかったのである。

もちろん、すべてうまくいったわけではない。あらかじめ告白しておくが、これまで手がけた案件のうち、契約まで至らなかったものは約3分の2、成功したものはせいぜい3分の1といったところだろう。しかしさんざん揉まれたおかげで、今では数千万円規模から数百億円規模まで、さまざまなM＆Aについて隅々まで熟知しているつもりである。

中学生向け進学塾のM&Aにこだわった理由

実は学研は、創業間もないころにも外部の会社と積極的な関わりをもち、会社の成長に繋げてきた。当時は戦後のベビーブームに乗って多数の児童誌が創刊されたが、競争の激化で経営難に陥る出版社もあった。そのうちの一社がB社だ。同社が刊行していた学習誌は、学校直販で絶大な人気を誇っていた。

ところが、直販体制の無理な拡大で経営が悪化して倒産。これに困ったのが、同誌を扱っていた各地の販売店だ。その一部は、これまでライバルだった学研に救済を要請し、学研は熟慮の末にそれを受け入れた。その結果、特に関西方面で強かった彼らは、同地域での『学習』の普及におおいに貢献することになったのである。この一件は、その後の右肩上がりの成長の一助となった。

一方、1990年に過去最高の売上高1700億円を記録すると、それ以降は目立った動きがない。一時期は約500億円あった内部留保も、その多くを自社の新規事業への巨額投資に費やしたのである。その結果、凋落の一途をたどったことは前章で述べたとおり。もし的確なM&Aに使っていれば、今ごろ学研は売上高1兆円企業になっていたとしてもおかしくない。

私はそういう経緯を知り、ますますM&Aにのめり込むことになる。沈みかかった巨艦を引き揚げるには、ここに賭けるしかないと考えるに至ったのである。

とりわけ躍起になって探したのは、県内トップ校に合格実績のある進学塾だ。ここには単純で合理的な理由がある。前章でも述べたとおり、もともと小学生向けの学研教室を開いたのは、『学習』と『科学』から派生した教材をもっと有効活用してもらうことが目的だった。せっかく購入してくれても、実はあまり活用できていない子どもが少なくない。親御さんも忙しいので、子どもの勉強を見ていられない。ならば学研自身が、子どもたちを集めてその読み方・使い方を教えよう、というわけだ。

その後、学研教室の数は全国で約1万6000カ所、生徒数で約42万人にまで膨らんだ。ところが、教室は主に小学生が対象で、中学生になると行き場を失ってしまうことが多い。その受け皿を用意することが、学研の使命であると考えるようになったのである。

さらに現在は高校生向けの予備校にまで範囲を広げ、大学入試までサポートする体制を整えつつある。つまり、教育に関して「ゆりかごから墓場まで」のように一気通貫のサービスを提供することを目標に据えているのである。

その前哨として、当時はまず進学塾の整備が最優先課題だった。それもゼロから立ち上げるとなると時間も労力もお金もかかるが、既存の進学塾と提携できれば一気に解消できる。だからM&Aを駆使しようと考えたわけだ。

また進学塾にとっても、学研教室の生徒が入ってくるとすればメリットは大きい。ついでに言えば、学研教室から来る子どもは勉強の習慣がついているので、進学塾としても教えやすい。しかも優秀な子が多いので、地域トップの高校に合格する可能性が高い。それは当然、進学塾にとって「合格実績」として絶好のアピール材料になるはずだ。

つまり子どもにとっても、進学塾にとっても、学研にとってもメリットが大きい。まさにWin-Win-Winの関係が成り立つのである。これが当初描いた構想で、その方針は今日も変わっていない。

「5×4×3×2×1」の戦略

では具体的にM&Aをどう進めるか。まずは、FA（ファイナンシャル・アドバイザー）と呼ばれる仲介者に依頼するのが一般的だ。私はそれに則り、先に紹介した「5×4×3×2×1」の戦略を考えた。

FAと言えば最初に思い浮かぶのが取引銀行、2つ目は証券会社、3つ目はM&A仲介業者である。それに加えて、4つ目に私個人のネットワークを使うこと、そして5つ目として対象となりそうな会社に直接打診することを想定した。

このうち銀行については、メガバンクをはじめ複数の取引銀行という選択肢がある。証券会社も同様だ。またいずれも、例えば支店レベルや部署レベル、あるいは個人レベルといったチャネルが考えられる。こうしてあらゆる可能性を想定することで、「5×4×3×2×1」を埋めていくわけだ。

ただし銀行も証券会社も、案件を紹介してくれることはあっても、仲介までは行ってくれない。M&Aをする側、される側のどちらか一方のアドバイザーにしかなれないというルールが存在するからだ。それに成立・不成立にかかわらず、最初に依頼した段階で数千万円単位の着手金が必要になる。もちろんM&Aが成立すれば、その金額に応じて一定割合の成功報酬を支払う。規模が大きくなるほど割合は下がるが、分母が大きくなるので、いずれにせよ金額は大きい。一般に、これを「レーマン方式」と呼ぶ。

当時の私にはそれだけの資金を動かす権限がなかったので、早々に諦めざるを得なかった。選択肢として復活したのは、他のルートによるＭ＆Ａがいくつかうまく行った後のことだ。ある程度の実績を積むと、むしろ先方からさまざまな案件を持ち込んでもらえるようになった。

ただ、銀行の場合は同じ案件を複数の取引先に持ち込むことがあり、かならずしもこちら側だけの経営を考えて提案してくれるわけではない。だいたい彼らの目的は、Ｍ＆Ａに必要な資金を貸し付けることにある。いい案件に巡り会えることはなかなかないというのが、私の正直な実感だ。また証券会社がＭ＆Ａに関わる主な目的も、ＦＡによる手数料や、関連企業の上場に対応するためなど、やはりかならずしも自社にとってメリットになるとはかぎらない。

そこで頼りになるのが、Ｍ＆Ａ仲介業者だ。さすがに専門業者らしく、文字どおり仲介まで請け負ってくれる。おそらく日本におけるＭ＆Ａは、このルートの成功率がもっとも高いのではないだろうか。だが、最大手Ｍ＆Ａ仲介業者は、やはり着手金が必要になる。

また、個人的な知り合いによる紹介や仲介も重要なルートだ。この場合、高額な着手金などはもちろん不要だが、打ち合わせのための出張費や会食のための資金はかなり必要になる。

そしてもう1つ、仲介を求めずに直接当たる場合は、とにかく先方とアポイントを取るまでが難関だ。何度となく電話をかける、もしくは直接訪問するのは当たり前。あるいは先方と取引のある銀行や証券会社を調べ、そのルートからアプローチしたこともある。だが先方にその気がなければ、どう動いても箸にも棒にもかからない。相応の忍耐を覚悟する必要がある。私は相当な数、当時、門前払いにあっている。

以上の5つのルートは、基本的に現在も変わっていない。だが私は、最初から大きく躓くことになる。

「学研」の名を出すだけで断られ

資金力のなかった当時の学研には、M&Aの着手金などとても払えなかった。だから、着手金ゼロで請け負ってくれるM&A仲介業者に依頼するとともに、自分たちも独自にM&Aの対象になりそうな企業を探し歩くしかなかった。だが、何社か候補は挙がるものの、ことごとく断られることになる。その半数は会ってもくれない。理由は「学研だから」だ。

学研が沈みかけていることは公然の事実だった。誰もそのような企業と手を組みたいとは思わない。当初は匿名で交渉し、ある程度まとまりかけたところで学研の名を出したとたん、断られたこともある。「一緒に沈むのはイヤだ」と面前ではっきり言われたこともある。何度となく屈辱を味わったが、それが当時の社会における学研の評価だった。

状況をさらに悪化させる事態も起きていた。ある事業部による案件が破談になり、「学研はM

&Aに向かない会社」という風評が広まった。相手を見つけることがいっそう難しくなったわけだ。

そこで一旦M&Aをあきらめ、会社ではなく人をリクルートする方針に切り替えた。対象にしたのは、東京で中学入試向けの進学塾を主宰されていたａ先生。複数の著書もあり、地域でたいへん人気の高い先生だ。当初は進学塾ごとグループ・インさせたいと考えていたが、その進学塾のオーナーは大手企業。とても売却には応じてもらえないので、ａ先生だけ来てもらうことにしたのである。

この話は早々にまとまり、新たに進学塾の会社を立ち上げることになった。私が社長、ａ先生には取締役に就任してもらった。資本金の大半を注ぎ込み、同じ地区にきれいな教室を新設。ａ先生の人気は絶大で、たちまち70人ほどの生徒が集まった。順調すぎるほど順調な滑り出しである。

ところが、ここから話は少々拗《こじ》れていく。ａ先生がかつての生徒に声をかけてしまったのである。当然、先生がもといた進学塾のオーナー企業は激怒し、ただちに新しい教室を閉鎖しなければ訴えるという。

もちろん、できたばかりの教室を閉鎖するわけにはいかない。ａ先生に「一緒に謝りに行きましょう」と促したが、良かれ悪しかれ生粋の学者さん気質の先生は「私は悪いことはしていない」と、一向に動かない。

仕方なく、私1人で先方に出向いて頭を下げることにした。しかし先方も、そう簡単に許してくれるはずはない。「すぐに教室を潰せ」の一点張りである。何度となく通って妥協点を見出そうとしたが、一向に埒が明かなかった。そのうち、担当者はとうとう本気で怒り出し、私の喉元を掴んでコンクリートの壁に押し付けた。暴力に訴えた時点で、非は先方に移り、この話はそこで終わりとなった。

赤字を覚悟で都内の進学塾をグループ・インした理由

M&Aは常に成功するわけではない。周到な準備を重ねても、うまくいかないことがある。その1つが私にとっての第1号案件、幼児教育専門の進学塾として知られるCをめぐる顛末だ。

全盛期には都内でも屈指の進学塾だったが、経営の内情は苦しかった。この会社の当時の社長さんはbさんといい、もともとはbさんの父親がこの会社を経営していた。bさんは、バブル崩壊とともに苦しくなったところを再建するため、当時の職を辞して経営に加わったのである。やがてその父親も亡くなり、全責任を1人で背負うことになった。

そしてついに自主的な再建は無理と判断して売却を決める。最後の頼みの綱として、学研に話が持ち込まれたのである。

いくらM&A先を探している学研でも、不良資産の不動産までは抱え切れない。受け入れるとすれば塾部門だけを切り離すことになるが、それでも社内では反対論が大勢を占め、仲介業者からも撤退したほうがいいと忠告された。グループ・インしても赤字が続くことは確実だった。ただ先述のとおり、当時は「学研」というだけで門前払いされることが多かった。学研にとっては、Cがほぼ唯一の案件だったのである。

そこで私は、発想を変えた。あえて赤字を覚悟で買えば、学研の本気度をアピールできるのではないか。それによって新たなM&A先となる進学塾を見つけやすくなれば御の字。つまり、ある種の広告宣伝費をかけるようなものだと考え、グループ・インを決めたのである。

だが想定していたとはいえ、Cの経営は苦しかった。テコ入れを図っても奏功せず、赤字が続く。このまま抱えていては、ますます評判が落ちて生徒が集まらなくなるという負のスパイラルが危惧された。もちろん学研全体の財務から見ても、損失を計上し続けることは痛い。そこで3年で見切りをつけ、業務資本提携をしていた進学塾・予備校大手のDにお願いして譲渡することになったのである。

驚いたのはここから。Dは、グループ・インしたCの経営をあっという間に黒字に転換させたのだ。名門進学塾として復活させたわけだ。受験に対するノウハウの蓄積が、出版社を母体とする学研よりずっと進んでいたということだろう。結果的に、Cにとっても、Dにとっても、また学研にとっても損にはならなかったわけで、落ち着くべきところに落ち着いたと言えなくもない。

ところで、Cについては忘れられない思い出がある。学研がM&Aの契約書にサインするまでのおよそ3カ月間、私はほぼ毎日のようにbさんと会って詰めの協議を行っていた。そのさなか、ふとbさんに「売却が決まったらどうされるんですか？」と尋ねたことがある。

「そうですね。まず売却代金で父親のお墓をきれいにして。それから妻にもいろいろ心配をかけてきたので、これからは悠々自適に暮らしたいですね」

またいよいよサインする際には、「本当にありがとう。これでやっと自由になれる」と嬉しそうに何度も頭を下げる姿が印象的だった。

そのbさんが亡くなったという知らせを受けたのは、それからまだ間もないころだ。たいへんな心労を重ね、ようやく肩の荷を下ろせたことで、これまでの疲れがどっと出たのかもしれない。

もちろん私にとっても、たいへんなショックだった。人の命や、人の縁の儚さを感じずにはいられなかった。だからそれ以来、M&Aで取引のあった経営者の方々とは、その後もずっとつき合い続けるよう心がけているのである。

2度目の失敗と、またも経営者の死

もう1つ、Cより大規模にM&Aを仕掛けて失敗したのが進学塾Eだ。

複数の教室を持つ大手進学塾はいくつかあるが、Eもその1つだった。入試実績は最上位を維持しているし、教育内容も優れている。学研が提携すれば、大きな相乗効果を見込めると考えたのである。

とはいえ、両社の間には何のつながりもない。そこでまず、創業者で当時経営者だったcさんに接近するため、cさんと仲のいい人物が経営する会社を紹介してもらうことから始めた。M&Aは単にお金を積めばいいというものではなく、人と人との関係を築くことが第一歩なのである。

やがて面識ができると、cさんとは年齢も近いことから、すっかり信用してもらえるようになる。ただその信用力は、ビジネス上ではなくもっぱらプライベートで発揮された。

何度飲み明かしたことだろう。すでに顔を知られている銀座などでもてはやされることを嫌い、もっぱらあえて素性を知られていない場所とお店ばかりを選んでいた。ただ、1人では行きにくいということで頻繁に私が誘われた。もちろんcさんも私の意図は知っている。信頼の証を見せるかのように、やがて学研への売却を決意してくれたのである。

ただし、「最後は社長と交渉したい」と言う。本社の旧社屋で当時の遠藤社長とともに待機していると、ツードアのベンツに乗って颯爽と登場。だが交渉自体はがっぷり四つ。1度だけでは時間が足りず、1日に2度も仕切り直して都合3度の議論を行った。

その結果、双方の間でM&Aの合意が成立した。あとはそれぞれの会社の取締役会で決議し、報道発表するだけでいい。

ところが、ここから驚天動地の事態に直面することになる。

取締役会の日、学研は9時半から開始、先方は11時から開始してそれぞれ決議する予定だった。

通常、ニュースリリースは東証のマーケットが閉まる午後3時以降に行うことにしていたが、この件は夕刊に間に合わせようと11時半に公表するつもりでいた。

しかし、11時を過ぎても決議の報告がない。11時半の公表をあきらめて待ち続けたが、なおも沈黙したまま。実は、午後1時を過ぎてもcさんは出社すらしていなかった。

このとき、cさんは自宅で亡くなっていた。死因は急性心不全だった。先のCのbさんに続き、私はまたもM＆Aの大切なパートナーを唐突に失った。ひどくショックを受けたことは言うまでもない。

ショックはさらに続く。M＆Aが延期になったことは仕方ないとして、その契約自体が怪しくなってきたのである。生前のcさんは、自らの後継者として1人の経営幹部を指名していた。私はその方と、M＆Aに向けた実務的なやりとりを繰り返してきた。ところが経営者を突然失ったEは、別の経営幹部を次期社長に指名する。その方が、これまでの話をすべて白紙に戻すという方針を打ち出したのである。

私にとってM＆Aの立て続けの失敗は痛かったが、bさん、cさん、お二人の死はもっと痛い。だから、その後のM＆Aは極力丁寧に、売る側の気持ちに寄り添いながら進めることを信条としているのである。

「救済型M&A」から「シナジー型M&A」へ移行

以上のように失敗を重ねたが、しかし当初の目論見どおり、これを機にM&Aをやりやすくなったことは間違いない。学研の本気度が、業界内で認知され始めたからだ。

先に述べたとおり、学研が進学塾のグループ・インに躍起となったのは、学研教室の卒業生の受け入れ先を用意することが一番の理由だ。学研教室は全国にあるから、塾も全国に必要ということになる。つまり、47都道府県で最低1カ所ずつ揃えることが最終的なゴールである。現在も遠く及ばず、継続中だ。

しかも公立高校入試の場合、都道府県ごとにそれぞれ制度が違う。例えば試験の点数と内申書の評価の割合にしても、当時、神奈川県や兵庫県が1対9であったのに対し、ある県は5対5である。したがって、進学塾もそれぞれの地域に合った指導や教育が行われている。その意味でも、学研として都道府県ごとに塾を持つことが欠かせないのである。

ただもちろん、どんな塾でもいいというわけではない。事前の調査や選定はきわめて重要な作業である。まず、その都道府県でトップクラスの入試実績を残していることが大前提。ただし、中には特待生だけを集めて入試実績を誇っている塾もあるが、そういうところは対象にならない。どんな生徒でも受け入れ、かならず成績を引き上げて送り出すのが学研のスタンスである。

その条件の下、M&Aの端緒となったのが、熊本県でトップの実績を誇っていた早稲田スクールと、兵庫県で同じくトップだった創造学園だ。阪神・淡路大震災からちょうど14年後の2009年1月17日、エポックメイキングにする狙いもあって両社のM&Aを同時に発表した。

これにより、他の都道府県でのM&Aも一気に進めやすくなった。「あの名門塾をグループ・インした学研なら大丈夫」と、少なくとも交渉のテーブルには着いてもらえるようになったのである。

また、進学塾の側も売りたい事情を抱えていることがある。ご多分に漏れず、後継者問題だ。もともと塾の創業者は、学生時代に学生運動にのめり込み、卒業後も就職せずに自ら立ち上げた、というパターンが少なくない。またそのご子息は、勉強することが当たり前の環境で育ったため、軒並み成績がよくて一流大学へ行く。そうなると、卒業後に地元に帰って塾の後を継ぐより、大企業に就職したり士業に就いたり研究職を志したりすることが多くなる。つまり塾の後継者がいなくなり、第三者に委ねるしかなくなる。その選択肢の1つに、学研を加えていただくことが増えたのである。

競合に勝つ術は金額だけではない

学研が考えることを、同業他社が考えないはずはない。むしろ学研が火を点ける形で、競合する大手予備校も続々と地方の進学塾や予備校のM＆Aに走り出した。業界全体で勢力拡大競争が始まったのである。

当然、競合することもある。少し遡るが、印象的だったのは２０００年代半ば、ある地方の進学塾をめぐる攻防だ。創業者の社長が塾の売り先を探していたのである。

このとき、買い手として名乗りを上げたのが、大手予備校Ｆと学研。ただし当初は、当然ながらお互いにどこが競合しているのかまったくわからない。売り手側もそういう情報はいっさい出さないので、それぞれ独自の戦術で攻めるしかない。たいていの場合、もっとも有効な手段はできるだけ多くのお金を積むことだ。

特にＦは資金力が豊富だった。一方、当時の学研は先述のとおり借金ばかりで、使えるお金には限度がある。だから金額の勝負になれば負けるしかない。しかし、M＆Aで勝つ条件はかならずしもお金だけではない。礼節を重んじて接し、グループ・イン後の条件などをすり合わせることで、同塾には学研を選択していただいたのである。

ただし別の案件では、やはり高いのれん代に躊躇して撤退したこともある。無理をしてでも進めるべきか、それとも身の丈を考えて自重すべきかは、案件によってはかなり悩まされる問題だ。当時、学研を担当されていた大和証券の中田誠司さん（現同グループ本社ＣＥＯ）にその話をしたところ、「いい案件なら絶対に進めるべきだ」と諭された覚えがある。さらにこう続けた。

「宮原さん、買って苦労するか、買わずに後悔するか、道は２つに１つです。だったら買ったほうがいい」

これはたいへんな名言で、以来、私は今も肝に銘じている。前章で述べた「逡巡の罪」にも共通する話で、買わなければリスクもないがリターンもない。大きなリターンが期待できるなら、大きなリスクを背負う覚悟が必要なのである。

あるいは、自分たちの失言で大きな墓穴を掘りそうになったこともある。ある教育会社のグループ・インがほぼ決まりかけたときだ。学研にとってはかなり大きな案件で、社内でも盛り上がっていた。

それで少し気が大きくなってしまったのだろう。年末に先方へ挨拶に伺って酒席となったとき、学研の重役の1人が「ちょっと高く買いすぎたかなあ」と冗談半分で口走ってしまったのである。

そのとたん、先方は「この話はなかったことに」と態度を硬化させた。学研の関係者は出入り禁止となり、私が修復しようと働きかけても会ってさえくれない。一方、当の重役も「何も悪いことは言っていない」と開き直ったまま。それでもなんとか解決の糸口を探し続け、先方がようやく交渉を再開してくれたのは2月末ごろだった。丸2カ月も回り道をしてしまったわけだ。

たったひと言で事態が急変することもある。M&Aは譲渡する側と受け入れる側に立場が明確に分かれるため、余計に神経を使わなければならないのである。

M&Aの契約書に記された「拘束2年」条項の罠

もちろん、競合して負けたこともある。2000年代後半、やはり地方の名門進学塾の経営者dさんが引退され、ご子息が後を継ぐことになった。ただ経営については不慣れなので、他社の傘下に入ることにした。そこに手を挙げたのが学研で、交渉はスムーズに進むかに見えた。

ここにも前出の大手予備校Fの攻勢があった。特徴的だったのは、dさんをFの常務取締役に迎え、将来はご子息を同塾の社長に据えるという条件をつけたことだ。これにより、dさんは学研ではなくFと譲渡契約を結んだ。私は完全撤退を余儀なくされたのである。

ただし、dさんがFの常務取締役の地位に就いていたのは、それから2年のみ。ご子息が後継社長に就く件も反故にされた。これはFが約束を破ったのではなく、おそらく契約書に「拘束は2年間」という文言が含まれていたのだろう。M&Aの契約ではよくある話で、経営者の地位だけではなく、社員の給料なども当初は据え置く。しかし莫大な資金を投じた側としては、早急に利益を出すことが至上命題だ。そのため、拘束期間が過ぎれば容赦なく経営陣の入れ替えを行うし、給料カットやリストラも有効な手段になる。Fはその権利を行使したに過ぎない。

同じことは別の進学塾でも繰り返された。やはり経営者eさんを取締役に迎えるという条件だ。私は注意を促した。だがeさんは聞く耳を持たない。「自分はうまくやるから大丈夫」とおっしゃる。だが、取締役は1年で解任された。

dさんもeさんも莫大な売却益を得ているので、けっして不利な取引だったわけではない。しかし、早々に職を解かれるとは思っていなかっただろう。M&Aの現場では、しばしばこういう非情な決断がされているのである。やはり同業者によるM&Aは恐ろしい。

知られざる出版社M&Aの失敗劇

実はこの時期、全国の進学塾と並行して出版社のM&Aにもチャレンジしていた。その1つは趣味の領域では有名なG社だ。

出版不況の中で売却話が持ち上がり、複数の会社が手を挙げた。学研にとって、同社の知識や経験はきわめて魅力的だった。学研が持つノウハウと組み合わせれば、良質なコンテンツを作ることができただろう。

ところが、起業から間もないIT企業に提示額で敵わず、撤退を余儀なくされ、たいへん悔しい思いをした覚えがある。

あるいは、教科書出版の老舗であるHのグループ・インも失敗した。経営に行き詰まっていた同社の救済と、教科書作りのノウハウを得るためにM&Aに動いたのである。

担当した私は、およそ3カ月間にわたって現地に滞在し、連日交渉を重ねた。その結果、社長以外の経営陣も経営方針も現状維持という内容で交渉成立。同社にとって、最大の懸念は自社のライバルの教科書会社の傘下に入ることであったが、それを避けられたという意味でも、お互いにメリットのある取引になるはずだった。

ところが、学研の教科書担当の役員に猛烈に反対されてご破算になった。「学研が飲み込まれる」というのがその理由である。「そんなはずはない」と私は説得を試みたが、ついに押し切られてしまう。同業がグループ・インすることには、必要以上の警戒や反発が避けられないのである。かくして私の3カ月に及ぶ交渉は、一瞬で水泡に帰した。

だいたいM&Aは成立した案件だけ公表されるため、一見すると連戦連勝のように錯覚されてしまう。しかし成立の裏には、こうして失敗に終わった案件も無数にある。おそらくそれは、学研にかぎった話ではないだろう。

学研のM&Aは「ぬるい」か

社長に就任する前、進学塾のM&Aに明け暮れていたころの私の名刺を見ると、そこには細かい文字で無数の肩書が記されている。グループ・インしたすべての会社の取締役に就いていたからだ。M&Aの成立までだけではなく、その後も経営に責任を持ち続けるという意気込みを示したのである。

もちろん、〝お飾り〟ではない。それぞれの取締役会にはかならず出席し、シナジーを活かせるよう経営改革に深く関わった。それによって2〜3年後、軌道に乗ったと思えるタイミングで肩書を外すのがパターンだった。M&Aにここまで1人で一気通貫に携わるケースは、なかなか珍しいだろう。

こういう学研のやり方は、しばしば「ぬるい」と指摘される。早急に成果を出そうと思えば、リストラを断行したり、給与水準を下げたりすることがもっとも手っ取り早い。それによって企業価値を瞬間的に高め、その隙に売り抜けようというのがいわゆる〝ハゲタカファンド〟の戦略だ。

たしかに学研は、その対極にある。リストラ等は行わないし、経営陣もできるだけ現状を維持する。先方から依頼されれば、例えば経理や財務、人事などの専門家を送る程度だ。それに、基本的に屋号や社名も変えない。ただし、もともとネームバリューが弱い進学塾の場合は、むしろ先方から「学研〇〇〇」と名乗りたいと言われることがある。「学研」と冠したほうが、生徒も講師も集めやすくなることもあるだろう。そのあたりの判断は、塾側に委ねている。

その代わりに求めているのは、3年、5年という長いスパンでかならず利益を出すこと。それも史上最高益を目指す。実際、グループ・インした企業の多くは、その目標を達成している。逆に言えば、時間はかかっても史上最高益を狙えると踏んだからこそ、M&Aを行っているのである。

その意味では、けっして学研が「ぬるい」わけではない。短期的・利那的な利益を目指すか、中長期的・永続的な利益を目指すかという違いである。社員や顧客、取引先、株主といった多くのステークホルダーにとって、どちらのメリットが大きいかは自明の理だろう。

ついでに言えば、会社を売却していただいた旧オーナーへの礼節も欠かさない。定期的に会食の機会を設け、その後の会社の状況を逐一報告することにしている。資本関係だけで見れば縁は切れているはずだが、続けているのは大きく2つの理由がある。

1つは、売却を決断していただいたことに対する感謝の気持ちを表すため。結果的に「利益が伸びました」「過去最高益を記録しました」と報告すると、ほぼ一様にわがことのように喜んでいただける。「もう任せたから、細かい報告はけっこう」と言っていただいたこともある。あらためて、一連のディールを完遂してよかったと思える瞬間だ。

もう1つはやや打算的だが、学研の評判を高めるため。旧オーナーの方々は、たいてい別の事業を展開していたり、幅広い人的ネットワークを持っていたりする。そういう方に各所で「学研のM&Aなら間違いない」と太鼓判を押していただければ、これほど力強い応援はない。

実際、今ではFAを経由せずとも、先方から学研へのM&Aの打診が引きも切らない状態だ。ある意味では「ぬるい」と言われるかもしれないが、結局は地道なコミュニケーションがもっとも大きな成果をもたらしてくれるのである。

第3章

V字回復への道
――M&Aの光と影

M&Aと新規事業開拓は車の両輪

第1章で述べたとおり、私は２０１０年12月に学研の社長に就任した。最大の使命は大きく傾いた経営の再建であり、当初の３年間はそれまで積極的に行ってきたM&Aを封印することにした。実はこれは、経営のセオリーには反するかもしれない。

世間一般の本音ベースで言えば、M&Aをする側のメリットの１つは、連結売上利益と人件費の軽減だ。既存事業が細る一方で社員の平均年齢が上がるとすれば、人件費が大きな負担となる。かといってリストラを行えば社員に反発されるし、世間の評判が悪くなる。そこで、グループ・インした企業にその人材を活用してもらおうというわけだ。いわば天下り先を確保するような発想でもある。

たとえ売上が減っても、人件費という大きな経費が減れば、利益は増えたように見える。手っ取り早く決算の数字を良好に見せるための有効手段であることは間違いない。実はこれこそ、特に大企業がM&Aを行うもっとも大きな理由かもしれない。

一方、人材を受け入れる側の企業はたまったものではない。その分人件費は増えるし、なおかつ前章で述べたとおり３年以内で結果を求められたりする。手足を縛られたまま海に投げ込まれるようなもので、業績が先細ることは明らかだ。だとすれば、個社の業績が上がったように見えるだけで、グループ全体で見ればまったくメリットはない。

だから学研としては、そういうM&Aを絶対に避けようと考えた。グループ・インした企業に余計な足かせをはめるようなことはせず、存分に伸びてもらう。それによってグループ全体の数字の引き上げを目指すのが、私の基本方針だ。

ただし学研もご多分に漏れず、本業の不振と人件費の高騰は深刻な問題だった。そのツケをグループ・インした企業に押し付けないとすれば、自社内で解決するしかない。それが、新規事業を開拓することだ。社長就任後の3年間、M&Aを封印し、塾の新校舎建設もストップする一方で、サ高住を展開する「学研ココファン」にだけ集中投資をしたのは、そのためでもある。

つまり企業の再生は、M&Aに頼るだけではダメ。内部改革による新規事業も不可欠と考えた。これが経営戦略の大前提で、その〝車の両輪〟を回し続けたことが、グループ全体の13年連続の増収につながったのである。

ただ、この3年間は2つの意味で厳しかった。1つは、優良なM&A案件の話が来なくなったこと。これは当然の話で、意思を示さないところに売り手は現れない。そのため、本来なら手を挙げるべきなのに、他社に取られてしまった案件もいくつかある。

もう1つは、進学塾の新校舎の建設をストップしたこと。1校でも増やせば、4000〜5000万円の赤字が1年半は続く。10校なら4〜5億円だ。当時の学研には、それほどの余裕すらなかったのである。これにより、ここまでM&Aで堅調に伸びていた塾が、一時的に勢いを失うことになった。塾にはたいへん辛い思いをさせたことになる。

しかし内部改革をしっかり行ったおかげで、4年目からは両輪体制によるシナジーが働き、M&Aについても以前に増して優良な案件が舞い込むようになった。またこの時期にサ高住への積極投資を逃していれば、もう介護の領域で学研の存在感を示すことはできなかっただろう。経営の安定を待っている暇はなかった。繰り返すが、この決断が学研再建の大きな礎になったのである。チャンスを逃す「逡巡の罪」を犯さなかったわけだ。

M&Aとは、その会社の歴史を共有すること

この3年間、全員のがんばりによって学研グループ全体の売上も利益も急回復した。ところが4年目の2014年、改革疲れか気の緩みか、売上は伸びたものの営業利益は急減した。経営陣が役員報酬を返上することで辛うじて黒字を維持したが、あっさり失速したことは間違いない。そこでこのあたりから、封印していたM&Aを解禁することにした。

今でもそうだが、しばしば「学研はM&Aがうまい」と評価していただくことがある。ありがたい話だが、これには良かれ悪しかれ事業規模が少なからず関係している。

社長就任時の売上高は780億円前後。そこから順調に伸び、現在は1560億円前後だが、けっして大きくはない。端的に言えばお金が足りないので、なかなか大きなM&Aには挑めない

のである。

ただ私見によれば、トップが直接M&Aに関われる事業規模は売上高2000億円程度まで。だから私が先頭に立って交渉に臨めるし、相手側のトップとも膝を交えて気持ちを確認しながら議論できる。その意味では、双方にとって齟齬のない理想的なM&Aを実現しやすいのである。

その規模を超えてくると、経営戦略室のような専門の部署に委ねられるのがふつうだ。そこではもっとドライな損得勘定が判断基準になり、トップどうしが初めて会うのはすべてが決まった後だったりする。その分、大胆なM&Aが可能だが、お金の力で屈服させるような強引さとも表裏一体だ。Win-Winにはかならずしもならないのである。

その一例が、介護事業を展開するIのグループ・インだ。銀行からの紹介でIをグループ・インしたのだが、その数年後、Iの社員はほぼ退社してしまった。やはりグループ・イン後のこちら側の態度に何かあったのだろう。案件としては成立したが、私にとっては最悪のM&Aだった。

M&Aとは単に会社の経営権をやりとりすることではなく、その会社の歴史を含めてすべてを引き受けることだ。前章で述べた2人の経営者の死に直面した経験から、私には特にその思いが強い。その会社がどうやって成り立ち、どういう価値観で何を大事にしてきたのか、何を変えてほしくないのかをしっかり聞き出して尊重することは、グループへ誘う側の最低限の責務だと考えている。

ついでに言えば、私は白陵高校・防衛大学校の学生時代をずっと学生寮で過ごしてきたため、人間の感情の機微がよくわかる。ある程度話していると、その人がどういうことで腹を立て、何をされれば喜ぶのか、だいたい把握できるのである。だから交渉の場でも、相手の逆鱗に触れるようなことはけっして言わない。これは、Ｍ＆Ａをうまく成立させるための一里塚だろう。

周到な〝偵察〟と綿密な〝作戦立案〟が第一歩

もちろん、会社の歴史を共有するということは、相応の覚悟と準備が必要だ。その要諦をまとめると、大きく３つのステップがある。

第１は、徹底的な調査だ。その会社が自社のカラーに合うか、理念や志を共有できそうかを見きわめることがきわめて重要。それは、いわゆるデューデリジェンスや社長との面談だけでわかるものではない。まず現場を見ることが基本中の基本である。

例えば、前章で述べた大手予備校Ｆとの競合の末にグループ・インした地方の進学塾もそうだった。午前９時から同塾の本部で面談の予定が入っていたとき、私が７時半ごろに近くまで伺ってみると、全員総出で掃除をしていたのである。さらにその後には朝礼が始まり、幹部社員らしき方が社員に向けて『論語』の一文について講釈をされていた。その姿を見た瞬間、私は「こことなら一緒にやっていける。札束で経営権を奪おうとする他社に負けるわけにはいかない」と決意を新たにしたのである。

あるいは2017年にグループに加わった地方の進学塾の場合も、事前に授業の様子を見学して感銘を受けた覚えがある。夜10時ごろに終わっても生徒は帰らずに勉強を続け、先生もそれにつき合う。そして11時ごろに終了すると、生徒が口々に「ありがとうございました」と大声で挨拶して去っていく。こうして生徒を大事にする姿勢は本当に大事なのである。

反対に、M&Aの候補に挙げた進学塾の中にも、見学に行って撤退を決めたケースもある。教室や施設が汚れていたり、挨拶や掃除の様子がおざなりだったり、そこにいる職員や生徒に元気がなければ、やはり躊躇せざるを得ない。どれほど立派な理念や目標を掲げていても、それが絵に描いた餅であることは少なからずある。

ビジネスの現場では似つかわしくない表現だが、結局のところ、最初のステップで大事なのは「どれだけ惚れ込めるか」ということだ。先方の日常を見学し、歴史や経営哲学について深く知った上で、「どうしても一緒に働きたい」と思えるかどうか。M&Aの道はどんな場合も多難で、途中で心が折れそうになることは何度もある。そのとき、根底にこういう気持ちがなければ簡単に潰れてしまうのである。

第2のステップは、綿密な作戦立案だ。基本はやはり、先に述べた「5×4×3×2×1」の計120通りで考えること。まず大きな作戦を5つ立て、それぞれの適任者を決める。次に、それぞれがうまくいかなかった場合の対処法を4つずつ考え、さらにそれぞれ3つずつ、2つずつを考える。それぞれ最悪の想定も、その場合にいかに損害を小さく抑えるかも、また撤退戦も視野に入れる。ここまで考え尽くせば、あらゆる局面を網羅できるという発想に基づいている。

これは防衛大学校で学んだ軍事作戦の方式だが、M&Aも組織にとって〝命がけ〟という点では同じだ。もちろん、すべてを実行するわけではないので、いくら立案してもムダになることが多い。しかし、このムダをどれだけ重層的に用意できるかによって、その場の対処が大きく変わってくる。成否がそこに左右されることは、言うまでもない。

信頼を築くには徹底的なコミュニケーションしかない

そして第３のステップは、コミュニケーションに徹底的に時間をかけること。私がこれまで携わったM&Aについて、成立するまでに先方と面談した回数を調べてみたところ、平均で35回だった。

それも、終わってみたらこれだけ多く会っていた、というわけではない。先述の作戦立案に則り、１回目には何を聞き、２回目には何を話し、○回目にはこのテーマについて打診し、○○の件で揉めたらこう提案する等々、できるかぎりシミュレーションして臨むのが常だ。それを積み上げると、だいたいこれぐらいの回数になるのである。

これは、人間関係でも同じだろう。いきなり初対面でプライベートな質問をしたり、難しい問題を切り出したりしても嫌われるだけ。まずは先方の話をじっくり聞き、理解し合い、少しずつお互いの信頼を高めていくのが王道だ。

ましして自分の会社を売るとなれば、そこにはさまざまな思いがあるはずだ。創業者ならなぜ起業しようと思ったのか、経営者なら何を大事にしてきたか、これまでどんな苦労をしてきたのか、そしてなぜ売ろうと思ったのか等々、聞くべきことは山ほどある。

こういう部分を踏まえておけば、まず交渉の最中に逆鱗に触れるリスクを軽減できる。それに、どう受け継いでいけばいいかという方針も立てやすくなる。それを真摯に考えることが、受け入れる側の責務である。

地道な〝仕込み〟がものを言う

数年前、リスキリング関連の企業が学研グループに加わった案件も、いささかイレギュラーながら〝仕込み〟がものを言った。

学研を含めた4社がM&Aの意思を示し、某日にホテルの1室で入札が行われることになった。学研からは私が参加した。

ところが当日、経営者が、とある事情で入札の話はなかったことにしてほしいと言う。集まった4社の担当者が激怒したことは言うまでもない。私以外の3人は、経営者に怒声を浴びせつつ、文字どおり机と椅子を蹴って部屋を出て行った。

もちろん私もここに至るまでにデューデリジェンスにも費用をかけ、先述のとおり作戦立案等にも心血を注いできた。そのすべてが無に帰すわけだ。しかし、けっして感情は表に出さない。私は「もしまたM&Aを検討されるときは、ぜひうちでお願いします」、こう言い残して席を立った。

その機会が、当時から数年を経て、本当に訪れたのである。学研との単独交渉で、しかも当時より利益はずいぶん伸びていたが、売却価格は当時のままでいいと言う。かくして、予想外の形でM&Aが成立したのである。

いずれにせよ、M&Aは単にお金の多寡で決まるものではない。その典型的な例と言えるだろう。

〝マリッジブルー〟には心を込めた話し合いを

意外なきっかけから、話がトントン拍子に進んだこともある。数年前にグループ・インした出版社のケースだ。

同社は主に学習参考書を出版しているが、学校の教科書は4年に1度改訂されるため、既刊の参考書も合わせて改訂する必要がある。その作業にはたいへんな労力がかかるので改訂にかかる編集原価や残業代がかさみ、そのたびに2年間は赤字になっていた。そういう経営環境の厳しさから先行きを考えられていたところに、学研が名乗りを上げてM&Aが成立したのである。

だが、つい先ごろ退任された経営者のfさんに伺ったところ、当時は〝マリッジブルー〟だったと言う。相手が同じく学習参考書を出している学研だったからだ。同業者どうしのM&Aの場合、する側がされる側を換骨奪胎し、人をすべて追い払ってコンテンツだけ奪っていくようなことがよくある。その出版社もそんな道をたどるのではないかと心配されていたらしい。

しかし、多くの出版社の社長が集まるある会合で一緒になり、昼食をとりながら雑談する機会があった。そのとき、fさんは学研が総合出版社であるとあらためて認識したという。総合出版社なら、同業出版ではないので経営を任せても大丈夫。そう判断して〝マリッジブルー〟から解放され、快く売る決心をされたそうである。

M&Aの現場では、けっして理詰めや損得だけではなく、些細な言動や印象によって判断が変わることは少なからずある。お互いに大勝負だから、それは当然だろう。

出版社でもう1件、直近の成功事例として挙げられるのが、2020年11月に行われたダイヤモンド・ビッグ社からの出版事業の譲渡だ。同社は有名な『地球の歩き方』を刊行していたが、折からのコロナ禍によって売上が激減していた。誰も海外に出歩けなくなった以上、これは仕方がない。

その状況から、親会社のダイヤモンド社は同事業の売却を決断し、学研が受け入れを表明した。当時、ダイヤモンド社としてはコロナ禍がまだまだ続くと想定したのだろう。一方私は、早晩収束に向かうと予想した。だから海外旅行はやがて活況を取り戻し、『地球の歩き方』の需要も復活するだろうと考えたのである。

結果は周知のとおり、私の大間違いだった。当時から3年弱を経ても、コロナウイルスはなお猛威を振るっている。一時より警戒感は薄れたが、まだ大手を振って世界中のどこへでも行ける状況ではない。

だが、現場の編集部は創意工夫で危機を克服した。単なる旅行ガイドではなく、海外から国内へ視点を変えて、さまざまなコラボ企画を実現させて次々と大ヒットを飛ばしたのである。例えば学研創刊の人気雑誌『ムー』と組んで「異世界の歩き方」と銘打って出したり、海外旅行が難しいならと逆転の発想で「東京・多摩地域」など、日本国内をテーマにしたり。あるいは大人気漫画『ジョジョの奇妙な冒険』の舞台を『地球の歩き方』流に紹介した1冊も、17万部超えの大ベストセラーになっている。今では学研グループの中でも〝ドル箱〟の会社だ。

M&Aが失敗に終わる3つのパターン

これまでいくつものM&Aに携わってきてあらためて思うのは、M&Aが企業の成長にとってきわめて有効な手段であるということだ。それも新たなオーナーを迎える側、特に事業継承者の不在で苦労している中小企業にとって、メリットはいっそう大きいかもしれない。その会社が築いてきた歴史や技術、信用などが存続するだけではなく、支援や刺激を得ることでさらに伸びる可能性が開けるからだ。

ただそれは、新オーナー側に誠意や礼儀があればの話である。私の経験上、失敗するM&Aには大きく3つのパターンがある。

1つ目は、欧米型のいわゆるハゲタカファンドによるもの。彼らは基本的に、弱っている企業を安く買い叩いて経営陣を追い出し、リストラも含めたコスト削減を徹底し、早期に高く売り払うことだけを考えている。例えば100億円で買ったとすれば、毎年リストラやコストカット等で利益を無理やり3割増やして約3年で2倍にし、200億円で売って100億円を儲ける。これが典型的なやり方だ。

では4年目以降も3割ずつ利益を増やせるかと言えば、けっしてそうはならない。ギリギリまで絞り上げ、組織を疲弊させ切ったピークの時点こそ売りどきなので、そこから先は衰退していくのみ。もちろんファンドは、それに対して何ら責任を負うことはない。売ってしまえば赤の他人だからだ。その意味では、このようなファンドがM&Aで入ってきた時点で、その企業や業界はこれまでとは違う方向に向かうと考えたほうがいいかもしれない。

2つ目は、専門のコンサルタントやアドバイザリーの仲介に頼りきってしまうパターン。彼らはプロなので、双方の間に立ってなだめすかしながら要領よくまとめようとする。だがそうであるがゆえに、後になって齟齬が生じやすい。やはり当事者同士も直接向き合い、細かい点までとことん詰めることが欠かせないのである。

そして3つ目は、先の例で出たとおり、同業者によるものだ。業務内容が重なると、やはりどうしてもお金を出した側が優位に立ち、旧来の経営陣や社員を追い出してしまうだけになりやすい。これでは、そもそもM&Aをする意味がないだろう。

かと言って、まったく異業種どうしがつながってもシナジーを生みにくい。もっともうまく行きやすいのは、川上と川下として連携できる相手と組む場合ではないだろうか。学研の場合であれば、編集部が教材を開発・提供し、関連会社の塾がそれを利用する。もしくは「学研ココファン」でサ高住を展開しながら、さらに認知症が進んだ方のためのグループホームを用意する、といった具合である。

これらの失敗パターンについては、新オーナーを受け入れる側が気をつけるべきかもしれない。新オーナー側は、交渉の時点では甘い条件をいろいろ提示しながら、いざ手に入れたとたんに豹変することがよくある。特に厳しいノルマやリストラを計画している場合は、その兆候が言葉の端々に表れるものだ。受け入れる側は、それを聞き逃さないことである。

ただし、いわゆる敵対的M&Aについては、かならずしも否定されるべきものではない。例えば放漫経営で社員が不利益を被っているような場合、銀行など外部の投資家と結託して経営陣を追い出すという選択はあり得る。外部の人のほうが、再建に向けていいアイデアや技術を持っている場合が多い。

もっとも、それで万事解決とはならないだろう。新オーナー側は相応の投資をしているので、それを回収することが至上命題だ。そのためには利益を増やす必要があるが、成長を待つほど鷹揚に構えることは少ない。手っ取り早く利益を捻出するには、固定費を削るのが一番。つまり社員のリストラを断行したり、給与カットなどの施策を打ち出したりしてくるのが常套手段である。

グループ・イン後は「支配者」ではなく「株主」として

M&Aは株の売買である。その点で言えば、株を売った人のみ利益があり、社員・取引先・顧客には利益をもたらさない。しかし、すべての関係者に良い結果となるよう尽力する必要はあるはずだ。そこまで考えてやるのが学研流のM&Aだ。

そしてもう1つ、M&Aで気をつけるべきは、グループ・イン後の態度だ。先方の会社に経営トップまたは幹部として人材を送り込むことはよくある。そのとき、勘違いして王様のように振る舞ってしまうことが少なくないのである。これは会社の問題というより、送り込まれた個人の資質に負う部分が大きい。

たしかに株主資本主義の原則から見れば、株を持つ者がその会社のオーナーである。しかし、だからと言って何をしてもいいわけではない。パワハラ・セクハラの類いはもちろんだが、厳しいノルマを課したり、人事を勝手に弄《いじ》ったり、リストラを断行したりすれば、社員は当然反発する。余計な対立を生んで成果が上がるわけがない。王様や支配者ではなく、あくまでも「株主」として立場をわきまえることが大切なのである。

あるいはよくあるのが、取引先をすぐに変えてしまうこと。長いつき合いを遮断してしまうと、通常業務にも支障をきたす。諸般の事情はあるにせよ、せめて３年程度の猶予期間を設定し、話をしながら変えていくのが筋だろう。

実は学研でも、グループ・イン後に経営陣を送り込んで失敗したことが何度もある。例えば先方に役員が３人いたとしたら、４人を送り込んで取締役会を過半数支配する。だが４人もいれば、そのうち１人ぐらいは〝王様気取り〟の者が現れる。その１人のために、双方のコミュニケーションが台無しになってしまうのである。

だから私としては、できるかぎり送り込みたくない。トップも経営陣も以前のまま、もしくはその会社の中から抜擢し、学研が親会社としてその経営をサポートするという形がもっとも理想的だと思っている。だいたい株式を50％以上持っていれば、それだけでコントロールは可能だ。

それに加えて、新たに仲間に加わったすべての社員の方々に、学研の書籍や文具などをパッケージにしてプレゼントすることにしている。過去の反省に立ち、少しでも学研のことを理解してもらいたいから、そしてけっして征服者ではないことをわかってもらいたいからだ。

ちなみにM&Aの解説書等には、たいてい「過半数の役員を送り込んで取締役会を支配しなさい」と書いてある。親会社としてガバナンスを効かせるにはそれが常識、とも説いている。しかし私の経験上、それを真に受けるとかなりの確率で失敗する、と付言しておきたい。

グローバル分野とデジタル分野のM&Aに注力

もちろん、学研のM&Aはまだまだ道半ばだ。とりわけ今後注力すべきは、グローバル分野とデジタル分野である。現状の自力において、これらの分野で勝ち残れる確率はせいぜい4割程度だろう。もしかすると、これは日本の多くの企業に当てはまることかもしれない。

そこでまず、コロナ禍の2020〜2021年にはそれぞれの分野に強い人材十数人をヘッドハンティングした。私自身が選び、相応の報酬になるように給与体系も特別に改めて迎え入れた形だ。13年前の社長就任時、同じように人材を集めようとして誰からも見向きもされなかった時代に比べれば、まさに隔世の感がある。

そしてもう1つ、同じくコロナ禍の2021年には、DX（デジタル・トランスフォーメーション）を専門とするベンチャー企業ベンドをM&Aによって傘下に収めた。同社は東京大学工学部の現役学生2人が立ち上げた会社で、この2つの強化策がうまく機能すれば、勝率をかなり引き上げることができるだろう。

もっとも、これはかなり大きな経営判断である。現在は教育分野も医療福祉分野も伸びているから、これらに頼れば会社は当面成長を続ける。だが10年先、20年先までこのままだとすれば、おそらく学研は存在しないだろう。それはちょうど、『学習』と『科学』の隆盛に頼って改革を怠り、すっかり時流に乗り遅れて経営危機に瀕した過去と似ている。その歴史から学び、同じ轍を踏まないためにも、リスクを取ってでも新分野への展開を図らなければならないのである。

私ごととして言えば、10年以上も在任している上場企業のトップはきわめて珍しいだろう。だいたい4年程度務めた後、後任に託すのが常である。そうすると、その任期を全うすることに意識が向かいやすい。特に後半・終盤になるほど、いわゆるレームダック状態になることがよくある。要するに何もしなければ、評判が上がることはないが、下がるリスクも回避できるからだ。

世間的に「名経営者」と呼ばれた人でも、終盤は改革より有終の美を求めたくなるものだ。個人の名声を保つためならいいかもしれないが、それはけっして会社のためにはならない。

母から「世のため、人のために生きなさい」と、さながら侍のように教育を受けてきた私としては、そういう道を選べない。たとえ目先の利益を削ってでも、つまり現状の学研やそのトップである私の評価を落としてでも、10年先、20年先を見据えて投資やM&Aを続けなければならないと考えている。実際、2022年9月期の学研の営業利益は64億円強だが、もし投資やM&Aをしなければ100億円近くになっていただろう。直近の株価や私個人の評判を考えるなら、そのほうが賢かったかもしれない。しかしそうすると、10年先、20年先に学研はこの世から消滅しているだろう。

まして教育と福祉は医療に並んで国家の根幹を作る重要な事業であり、学研はそのリーディングカンパニーであると自負している。だから、手を抜くわけにはいかないのである。

もっとも、体力的にも精神的にもしんどさを感じていることは間違いない。10年前はM&A先候補の見学などで2日に1回のペースで日帰り出張していたが、やがてそれが週3回になり、昨今は週2回になっている。

それに、以前は交渉の相手がたいてい年長者だったが、今は年下が増えている。その分、交渉はやりにくい。特に相手が経営に自信を持っていたりすると、口説くのはなかなか骨が折れる。

さらに言えば、将来について自信を持って語ることも難しくなってきた。以前なら、M&A交渉の際に「今後のことは任せてほしい」とか「どんなことがあってもかならず助ける」「一緒にがんばろう」などと当然のように言えた。だが今は、軽々には言えない。私もいつまでも社長の座にいるわけではないからだ。自分が関与できないとすれば、これらの発言は無責任でしかない。

あらためて自信を持って発言できるようにするには、志を継いでくれる後継者を育てるしかない。それが私の喫緊の課題である。

第4章

M&Aを成功させる17の原則

M&Aの現場のリアル

前章まで述べてきたとおり、M&Aはここ十数年に及ぶ学研の原動力だった。いくつもの失敗を重ねつつも、その経験をノウハウに変えてきた。その結果、グループ・インした企業の多くは相乗効果を発揮して業績を伸ばしている。過去最高益を上げている会社も多く、創業者の方が一番喜んでくださっている。

M&Aはけっしてマネーゲームではない。財務上の足し算で成り立つものでもない。あるいは「経営戦略本部」や「経営企画室」のような、企業の中枢部分だけで進められるものでもない。M&A自体は成立したとしても、やがて業績が低迷したり問題が噴出したりするのは、たいていこの轍を踏んでいるケースである。

必要なのは、全社を挙げて取り組む姿勢、緻密な事業計画、それに人対人の信頼関係や誠実さ。これらがすべて揃い、お互いに「一緒になってよかった」と思えたとき、初めて成功したと言えるのである。

そこであらためて、私が考えるM&Aの心得を、時系列に沿いながら17の原則という形でまとめてみた。ここまでと重複する部分もあるが、いずれもマニュアルにあるような経営戦略や財務の話ではない。いくつもの現場で交渉開始からグループ・イン後の動向まで全責任を負ってきた者として、そのリアルな状況をお伝えしたい。

第1則　FAに任せ切ってはいけない

前にも述べたが、M&Aは自社単独で動くものではなく、FA（ファイナンシャル・アドバイザー）と呼ばれる業者が間に入るのが一般的。具体的には、取引銀行や証券会社、それにM&Aを専業とするコンサルタントなどである。

彼らは情報提供や紹介をはじめ、文字どおりアドバイスを行ってくれる存在だ。こちらのミスをカバーしてくれたりもする。どんなM&Aでも、ほぼ彼らとの二人三脚で進めていくことになる。

もちろんビジネスなので、〝地獄の沙汰も金次第〟なところがある。まず数千万円単位の着手金が必要。それだけ払っても、まともに機能してくれないことがある。また契約が成立すれば、当然ながらその規模に応じて莫大な成功報酬を求められる。

それに銀行や証券会社についていては、取引企業の専属のアドバイザーになるのが一般的で、紹介はしてくれるが、法律的にも仲介まではしてくれない。またこちら側の業績がしっかりしていなければ、そもそも紹介も断られる。かつて学研も、低迷していた時代にはほとんど相手にしてもらえなかった。先方についた大手証券会社の幹部から、「お前のようなクズ会社に、うちの大事な取引先を売るわけにはいかない」と面罵されたこともある。

そうすると頼れるのは、専業のコンサルタントということになる。彼らは事業規模にこだわらず、仲介業務まで行ってくれる。M&Aに慣れていないうちは、まず彼らと組むのが常套手段だろう。

ただし、FAに任せ切ってはいけない。彼らはしばしば、いかにも魅力的に見えるM&A案件を提案してくれる。財務上の数字を示しながら、一緒になればいかにメリットが大きいかをプレゼンするのが常だ。だが、それを鵜呑みにしてM&Aを進めると、ほぼ間違いなく失敗する。

FAはあくまでも第三者であり、自社の経営戦略を熟知しているわけではない。数字の辻褄は合うとしても、もっと大事なのは双方の社員であり、取引先であり、顧客である。そういうステークホルダーにメリットが生まれなければ、そもそもM&Aをする意味がない。この部分の精査は、自社でしかできないのである。

またFAの提案は、「持ち回り案件」が多い。1つの案件をクライアントごとに見栄えよくデコレーションし、「御社にだけ」と持ち込むわけだ。実際に、会社名を間違えた提案書をもらったこともある。この提案方法がかならずしも悪いとは言えないが、自社の戦略に合う確率はきわめて低い。二人三脚の関係を維持しつつも、主導権は常に自社が握ることが大前提である。

第2則　担当者は最後まで責任を持て

また人任せにしないという意味では、社内についても言える。M&Aを担当するのはたいてい経営戦略部門や財務部門だが、その担当者が青写真を描くことはあっても、実際の交渉やグループ・イン後の事業展開については別の部門が担当することがある。特に大企業の場合はこのパターンが多いようだ。よく言えば役割分担がはっきりしているわけだが、悪く言えば情報が断絶され、責任転嫁の温床にもなる。机上の空論で話が進み、後になって「こんなはずでは」となりかねないわけだ。一方、先方の企業にとっても、自社のことをよく知らない人物が乗り込んできて引っ掻き回されるわけで、たいていメリットよりデメリットのほうが大きくなる。

そこで学研では、経営戦略部門であれ財務部門であれ、担当者に最初から最後まで責任を持たせることにしている。すべての交渉はもちろん、グループ・イン後にはその会社の取締役に転籍して経営に携わってもらうこともある。その会社の内情を一番知っているはずであり、面談を繰り返すうちに社員とも気心が知れているはずだ。つまり、どうすればもっと伸びるかをよくわかっている。そして伸びれば本人の評価も上がるからがんばる。こういう効果に期待しているのである。

正直なところ、転籍した全員がうまく行っているわけではない。中には数字ばかり追求して、社員に嫌われたりする者もいる。しかし、すっかり融け込んで結果を出している者のほうが多い。およそ半数は先々の会社で過去最高益を叩き出しているほどだ。これは個々人の能力もさることながら、会社対会社というより個人対個人でどれだけ深く長く、真摯に向き合ったかに由来するのだろう。

外部の人材に依頼する場合も同様。かつてある地方の教育会社をM&Aする際、懇意にしていた証券会社から独立・起業した人物に交渉役を頼んだ。私が指示したのは、「門前払いされても、水をかけられても、月に1度は先方へ挨拶に行くように」ということだ。

実際、当初はまったく相手にしてもらえなかった。それでもめげずに何度か通っているうちに、オーナーの奥さんが強硬に反対していることを知る。それ以降は奥さんの説得に全力を注ぎ、ついに承諾を得ることに成功した。通い始めてから、実に7年後のことである。「三顧の礼」どころか、訪問回数だけで言えば「百顧の礼」に近い。これだけ1人で通い詰めた結果、その誠実さや熱意が先方に伝わったのだろう。数字等の条件ももちろん大事だが、交渉の場にこういう担当者がいるかいないかは、成否を大きく左右するのである。

ただ当然ながら、担当者1人に任せ切ってもいけない。窓口は1人だったとしても、複数の部署の人員がそれぞれの視点で携わり、サポートする。そういう体制を組まないと、たいていグループ・イン後に伸び悩むことになる。

立派な事業計画があったとしても、そのとおりになるとはかぎらない。財務の数字に見落としはないか、どこかにリスクはないか、うまく行かなかった場合の担保はあるか等々、事前に見きわめなければならない。それには、複数による何重ものチェックが欠かせないのである。企業の大小を問わず、世にM&Aの失敗事例は多々あるが、その根本原因はこの部分の油断や甘さにあるように思われる。

第3則　会社のトップこそ最前線に立て

人任せにしないのは、私自身のスタンスでもある。社長就任前からM&Aの現場の最前線に立ち続けてきたが、就任後もそれは変わらない。

ただし、けっして大きな失敗はできない状況だったので、最初は売上高10億円以下の企業だけを対象にした。そこで手応えとノウハウを掴んでから、次は30億円以下、50億円以下と規模を拡大していったのである。現在は400億円程度まで経験値を積み上げているから、次は500億円程度まで可能だと自負している。誰でも最初は怖いし、戸惑うものだが、こういうステップを踏むことが、結局は大きなM&Aを成功させる一番の近道ではないだろうか。

今でもあらゆるM&Aの案件について、社内で書類にもっとも網羅的に目を通しているのは、おそらく専任担当者と私だろう。

あるいは面談の機会があれば、担当者とともにできるかぎり同席することにしている。最初の挨拶時、クロージング、そしてブレイク（破談）になりそうな場合の少なくとも3回は絶対に欠かさない。それは人任せにしないことに加えて、さらに2つの意味がある。

1つは、先方の会社を肌感覚で知るため。もう1つは、学研が全社を挙げて取り組んでいるという姿勢を先方に示すためだ。交渉の場に「社長」の肩書を持つ私が現れると、先方はたいてい驚きかつ喜んでいただける。当然、先方は学研以外にもいくつかの会社と交渉しているはずだが、この時点で「学研1社に絞ります」と言っていただいたこともある。他社の場合、そのような場にトップが登場することは滅多にないらしい。そのことのほうが、むしろ私には驚きである。

あくまでも私見だが、たしかに売上高5000億円超のような大企業の場合、M&Aの交渉の場にいちいちトップが出席することは難しいかもしれない。しかし5000億円以下の企業なら、できるだけ立ち会ったほうがいい。それによって先方の印象が良くなるなら、それに越したことはないだろう。学研の売上高は1560億円規模だから、私はまだまだ現場に立ち続けたいと考えている。

ついでに言えば、こうして場数を踏んでいると、しだいにある種の〝嗅覚〟が身についてくる。先日もある会社の経営権をめぐって数社が競合した際、経営戦略部門が計算してはじき出した応札価格に対し、私はギリギリの段階で2億円を上乗せした。先方の会社の状況や競合他社の動向から、それぐらいのバッファは必要だろうと、担当責任者と判断したのである。その結果、まさに上乗せ分で落札できた。数字を読み解くことはもちろん大事だが、それだけでは足りない。最後は経験に裏打ちされた相場観・大局観、そして第六感がものを言うのである。

第4則　候補の案件は自らリストアップせよ

M&Aの市場が活況になるかどうかは、業界の事情によって異なる。

例えば進学塾業界の場合、ちょうど今は活況の中にある。1970年代に20代で個人経営として始めた塾が多く、年齢的にそろそろ引退の時期にさしかかっている。子どもが後継者になってくれればいいが、塾で育っただけあって優秀で士業や大企業の要職などに就いており、期待できないことが多い。かと言って塾の誰かに引き継ぐと、自分のお金にならない。そこで第三者に塾ごと売却しようという話になるわけだ。

こうした活況の先駆となったのが学研だった。先に述べたとおり、2000年代半ばから進学塾や予備校のグループ・インに乗り出すと、他の大手進学塾等も対抗するように相次いで獲得に乗り出した。その後、大手通信教育会社も、塾のM&Aに進出した。

そして、そこに拍車をかけたのが、異業種からの参入だ。オンデマンド教育サービスとして、ジャストシステムは「スマイルゼミ」を、リクルートは「スタディサプリ」を展開。どの業界でも言えることだが、異業種から見て魅力的に見えるから参入するわけで、これは活況のサインと考えていいだろう。

そうすると、その次に参入してくるのが投資ファンドだ。彼らの最大の目的は、できるだけ早期に高い運用益を得ること。未上場企業なら上場させるとか、それが難しければ同業他社に転売するという手もある。あるいは上場企業の場合、ＭＢＯ（マネジメント・バイアウト：経営陣がファンド等から資金を借り、会社を買い取ること）を支援して非上場化し、ドラスティックな経営改革を図った上で企業価値を高めて売却するというパターンもある。

だが上場化やＭＢＯならともかく、同業他社に売られる企業はたいてい望ましい形にならない。換骨奪胎され、完全に他社の支配下に置かれるのが常だ。逆にファンドから見れば、同業他社に売るしか打つ手がなかったということでもある。こういうケースが増えてくれば、その業界に食指を伸ばすファンドは減っていくだろう。

介護業界も同様だ。外資系ファンドが参入し、複数の大手上場企業が非上場となっている。日本における高齢化のピークは２０４５年なので、少なくとも２０３５年ごろまでは業界全体としての伸びが期待できるはずだ。ファンドもそこに目をつけたわけだが、そのために「介護の企業はいずれファンドに買われる」というイメージが定着し、業界全体の期待値も低迷しつつある。

ＩＣＴ（情報通信技術）と組み合わせるなど、何らかの新機軸を打ち出す必要があるだろう。

一方、保育園業界についてはこれから賑やかになりそうだ。そのきっかけの１つは、外部環境の変化である「こども家庭庁」の設立。そして、もう１つが、数年前に発表されたジェームズ・Ｊ・ヘックマン先生による「非認知能力の重要性」だ。保育園業界の上場企業はいくつかあるが、いずれも業績は芳しくなく、株価は低迷している。どこかのタイミングで、M&Aを仕掛ける企業やファンドが現れるだろう。

以上は学研が関わっている業界の話だが、これ以外の業界でも、それぞれの事情があって盛衰がある。まずは、その状況を見きわめることが欠かせない。

その上で大事なのは、〝受け身〟の姿勢にならないこと。先にも述べたとおり、銀行や証券会社をはじめとするFAは、その立場上、常に多くのM&A案件を用意している。機会を見つけては、そのリストを取引先企業に提示して仲介を申し出るのが常だ。M&Aが盛んな業界ならなおさらだろう。ただそれは、誰もが見ている〝カタログ〟に過ぎない。

M&Aを成功させるには、リストの提供を待つのではなく、自らリストを作成することが大前提だ。実現するかどうかはともかく、最終的なターゲットと見定めた1社があるとしたら、その企業と接触するために戦略的に必要な企業などもピックアップして精査するのである。

学研の場合も、常に1つの分野や地域につき30~40社のリストを持っている。その各社について、経営状態はもちろん、創業者の年齢や後継者の有無、創業からの歴史、取引銀行、株主構成などまで調べる。上場企業なら比較的容易にわかるが、非上場企業については帝国データバンクを利用する。

そうすると、どのルートからアプローチすればいいかが見えてくる。取引銀行や証券会社に接点があればそこから攻める手があるし、M&Aを専業とするFAに頼む手もある。あるいは個人的なルートを使うこともある。もちろんすべてうまく行くわけではないが、それぞれ差配しておけば、そのうちいくつかに脈が生まれるかもしれない。

重要なのは、ターゲットを明確にすること、そしてターゲットに向けて複数の戦略を立てることだ。そこを曖昧にしたまま、FAに言われるがままに食指を動かすようでは、間違いなく失敗に向かうだろう。

第5則　シナジーから考えよう

M&Aの対象になり得る企業の条件は、どれだけシナジーを見込めるかに尽きる。理念や方向性が一致していることは当然として、商品やサービスを提供したり、システムを共有したり、人材が交流したりすることで補完し合えるか。ひいては、その企業が伸びることによって自社も伸びるかがポイントになる。

学研の場合、典型的なのが先述の『地球の歩き方』だ。同編集部の取材力や信頼度と学研の旧来のコンテンツがコラボすることで、まったく新しい価値を生み出した。

あるいは進学塾なら、小学生を対象とした学研教室の卒業生の入会が期待できる。また学研が開発した教材を使うことで良質な授業が可能になるし、その使い勝手は学研へのフィードバックにもなる。

また介護施設の場合、学研ではさまざまな資材やベッド、消耗品などを一括して調達・納入している。また薬品についても、入居者1人につき1つのパッケージで届くシステムになっている。夜間の見守り用IT技術もある。グループ・インすれば、これらの利用でコスト削減につながるし、事故も防ぎやすくなるし、職員の負担も軽くなる。それにサ高住の近くにグループホームがあって連携していれば、入居者にとって心強いだろう。これからは、こうしたスケールメリットの考え方が重要になってくる。そういう施設を用意するのも、M&Aの役割だ。

実はこれらは、M&Aの交渉の場でも役に立つ。お互いのシナジーを強調することで、先方の同意を得やすくなるのである。またそのメリットを見込んで、譲渡価格を抑えることも可能になる。さらにこういう筋の通ったM&Aを続けることで、より大型の案件を先方から持ちかけられることもある。

今後は、IT関係のシナジーがより重要視されるだろう。デジタル化の投資を1社で担い、例えば会計ソフトをクラウドで1本化できれば、すべてのグループ企業にとって負担軽減になる。いわゆる「DX」と総称されるデジタル技術による変革も、グループが大きくなるほどシナジーは大きくなる。これはあらゆる業界で言えることだが、その成否はM&A戦略にも多大な影響を及ぼすはずだ。

そしてもう1つ、今やあらゆる業界にとって海外企業とのM&Aは他人事ではないだろう。成長を続けるには、日本より成長が早い海外に目を向けるしかない。だが、そこでシナジーを得ることはなかなか難しい。

学研も海外企業のM＆Aを見据えて、さまざまなシナジーを模索している。例えば２０２２年４月、学研はベトナムで幼児教育関連の情報発信サイトを運営しているキディハブ社と資本提携した。日本の幼児教育のノウハウを学びたいという先方からの要請によるものだ。だが国内企業どうしの場合と違い、どうしてもシナジーは薄くなる。教材などのコンテンツを共有できるわけではないし、双方の生徒に行き先を提供できるわけでもない。

また介護施設も合弁会社などで、海外で６棟を運営しているが、先々の国で事情が違うため、悪戦苦闘の連続だ。介護保険や医療保険など制度的な違いもあるし、高齢者に対する考え方の違いもある。例えば日本ではできるだけ車椅子に頼らない生活を目指すが、海外では要介護者から車椅子を取り上げるなど言語道断となる。つまり、日本のノウハウが簡単には通用しないのである。

また、版権ビジネスでは約40の国や地域に進出しているが、利益面では少し寂しい。その一方で、２０２２年10月に、『Play Smart』という幼児ワークのウクライナ語版を、日本国内をはじめ、各国に避難している子どもたちに無償提供し、各種メディアに取り上げられた例もある。今後も試行錯誤を繰り返し、ノウハウを蓄積していくしかないと考えている。どういう形のシナジーがあり得るのか、これから明らかになってくるだろう。

第6則　先方との面談は「30回」を前提に考えよ

かつてM&Aについて勉強していたころ、ある入門書に「1つの案件につき、面談は30回必要」と書いてあった。それほど先方と議論を尽くすこと、また濃密な信頼関係を築くことが重要という教えだったのだろう。

私はこれを、当時から今日まで実践し続けている。それも、単に数をこなせばいいという話ではない。戦略が曖昧なのは性に合わないので、きっちり30回分の議論をシミュレーションして臨むことにしている。1回目は挨拶と自己紹介、20回目あたりから「デューデリジェンス（先方企業の調査作業）」が始まり、相手にとって都合のいい話と耳の痛い話を織り交ぜるようになる。そもそも譲渡価格で最初から折り合えることはまずないので、ここから何度もギリギリと詰めていくわけだ。

その後、だいたい21回目から25回目ぐらいになると、ゴールへの感触が掴めるようになる。ただしこのあたりは、こちら側が何度も非礼をわびる時期でもある。業績や事業方針などについていろいろ指摘しているうちに言葉が厳しくなり、さらには、価格の現実性が出て、先方が機嫌を損ねることは必定だからだ。

こういうときは会議室ではなく、場所を変えて食事をしながらのほうが望ましい。「言葉足らずでした」「悪意はありません」「誤解を招いてしまってすいません」等々と頭を下げれば、その誠意は先方にも伝わるものだ。ちなみにこういうときの会食は、食べものがほとんど喉を通らない。仲介役のFAがいろいろフォローしてくれるが、ひたすら耐えるしかない時間帯だ。こういう場面を何度もくぐり抜けて、ようやく次のステップへ進めるのである。ただし、最終段階でのドンデン返し、〝マリッジブルー〟はかならずあるので、注意することだ。

あるいは以前、やはり先方を怒らせてしまった部下に、おわびの手紙を書いて渡すよう指示したことがある。口頭では伝えきれないことも、文面なら漏れなく綴ることができる。余計なことを口走るおそれもない。それに今どき手紙自体、書くことも受け取ることも珍しいので、先方からも好印象を抱かれやすいのである。またその手紙に対する返信の有無や文面によって、相手の姿勢を推察することもできる。

その後、30回目近くになれば、もうほとんど最終的な確認だけで済む。こういうシナリオをあらかじめ想定しておくと、ゴールまでの筋道が見えてくるし、不用意な発言も防げるし、言葉足らずにもなりにくい。不測の事態が起きたとしても、長期戦の想定だから「次回にこう軌道修正すればいい」と対策を立てられる。結果的に、気持ちが楽になるのである。

もう1つ、このコミュニケーションで大事なのは、どの段階で何を話すかというタイミングだ。まだお互いに相手についてよく知らないときと、ある程度気心が知れてからでは、当然ながら話の内容を変える必要がある。

私はこれを若い人に説明するとき、「発信機と受信機」という言い方をしている。「発信機」は自分だが、重要なのは相手の「受信機」の側。自分の発信を相手がどう受信するか、1つひとつ気を遣いながら発言しなさいということだ。

特に経験の少ない若い人は、ぱっと思いついたことを発言したり、相手の質問に反射的に答えたりしてしまうことがある。それは発信機としての自分のタイミングに合わせているだけで、受信機に意識が向いていないためだ。その不用意なひと言によって、それまで積み上げてきたものが崩れてしまうこともある。

まずは言葉を飲み込み、本当に今ここで発言していいのか、もう少し先送りすべきではないか、言うとしたらこの単語や表現は適切か、瞬時に考える必要がある。言い換えるなら、特にシナリオを想定せずに会って「このチャンスを逃してはいけない」と思うから、発信に気を取られてしまうのである。最初から30回会う前提なら、「いつ言おうか」と考える余裕が生まれるはずだ。

また同じことを言うにしても、面談の冒頭か終盤かによって印象はずいぶん違ってくる。会食や酒席の場なら、相手にとって悪いことは帰り際にさらっと話し、「次回までに返答を」としたほうがいいかもしれない。あるいは私自身、その場の雰囲気や相手の表情によって、伝えようと思っていた話を自粛したことは何度もある。むしろ半分以上は伝えていないかもしれない。それほど相手の受信状況に神経を使っているということだ。

ついでに言うと、会食のお店、部屋、相手と自分の座る位置や手土産にも気を配る。もちろん相手にとって居心地のいい空間にするためだが、それは同時に、こちらから言いにくい話をしやすくするためでもある。

第7則「上から目線」は厳禁

マーケティングの世界では、しばしば「認知・信頼・紹介」という言い方をすることがある。消費行動のプロセスを表したもので、最終的に誰かに紹介してくれるほどになれば、その商品やサービスは間違いなく売れるということだ。

M&Aの世界もこれとよく似ている。最終的に評判が立って次の案件を紹介されるようになればベストだが、その大前提はまず認知されることだ。それも、好印象を持ってもらえなければ次はない。

もっとも醜悪なのは、再三述べてきたとおり「買ってやる」という態度で接することだ。これについて、私には苦い思い出がある。かなり以前、ある会社との初めての面談の場に私が遅れて到着したとき、最初から参加していた学研の2人の担当者がソファーにふんぞり返り、タバコまで吸っていたのである。まさか自分の部下がと、ひどくショックを受けた。彼らはまさに「買ってやる」「立場は自分たちのほうが上」という意識に支配されていたのだろう。愚かとしか言いようがない。当然ながら、その案件は早々に消えた。

ここまで極端な例は珍しいとしても、ついお金を出す側が上から目線になることはよくある。それも交渉開始から日が浅く、相手のこともよくわかっていないはずなのに、自分たちのほうが偉いと錯覚してしまうのである。

例えば進学塾の場合、集団授業でがんばっている相手に「これからは個別指導ですよ」と訳知り顔で語ったり、オンライン授業を模索している相手に「もう遅い」と言い放ったり。相手の心証が悪くなることは間違いない。同じことを言うにしても、「将来的に個別指導は考えておられますか」などと言い換えることは可能なはずだ。

なお最初の面談時は、こちらから先方に出向くのが最低限のマナーだろう。先方を自社に招いて自社の話をするなどということは過去に一度もなかったし、これからもあり得ない。これは最初のみならず、込み入った提案や相手にとってネガティブな話題に触れる際も同様だ。難しい議論になりそうなときほど、先方にとってのホーム、こちらにとってのアウェイで勝負する。これは「認知」を超えて「信頼」を得る第一歩である。

第8則　まずは相手の話を聞くことから

面談の初期段階で必要なのは、徹底的に相手の話を聞くこと。批判や否定が厳禁なのは当然として、最初から難しい話を持ちかけたり、自社について長々とプレゼンしたりしてはいけない。

会社を売りたいと思っているオーナーなら、言いたいことはたくさんあるはずだ。どういう思いで創業し経営してきたのか、売却先をどういう基準で選ぼうとしているのか。社員や顧客、取引先をどう思っているのか。グループ・イン後にどういう会社にしてほしいのか。それらのすべてを聞き出すことが第一歩。こちら側は黙ったまま、ときどき相槌を打ちながら聞くだけでいい。

それも「聞いているふり」ではダメ。自分は〝演技〟しているつもりでも、相手から見れば話が通じているかどうかはすぐにわかる。それは日常のコミュニケーションで誰もが経験していることだろう。真摯に聞き入るからこそ、相手も安心して話そうという気になるのである。こちら側も、相手の性格やものの考え方が見えてくるだろう。

その話の中では、認識がズレていたり、理不尽な要求をされたりすることも当然ある。それでも、そのときは黙って聞くことだ。言われるばかりでは今後の交渉に響くとか、ちょっと釘を差しておいたほうがいいなどと考える必要はない。反論すれば、それは相手にとって威圧や自慢話のように捉えられる。つまり、「認知」の観点では何らプラスに働かない。これから先、反論の機会はたくさんあると考えて自重したほうがいい。

加えてあと2点、かならずオーナーに確認しておくべきことがある。1つは創業の精神。そもそも創業者はどういう思いで事業を起こしたのか。今日に至るまでには経営的に厳しい時期もあったはずだが、それをどう乗り越えたのか。きれいごとではなく、本音ベースで知る必要がある。この部分で共感できなければ、一緒になってもうまくいかない。

もう1つは、なぜ事業を売ろうと考えたのか。売った後、オーナーはどうするのか。後継者問題や家庭問題など、オーナーの個人的な事情の場合もあるが、他に表面化していない経営上の問題を抱えているおそれもある。最初のうちは素直に話してくれなかったとしても、それをねばり強く聞き出すのが面談の価値だ。

やはり多いのは、銀行からの個人保証の借入金に耐えられなくなるケースだ。実際の支払い負担もあるが、これからずっと払い続けるという心理的負担も大きい。その借金を連帯保証人としてすべて肩代わりするという条件を提示し、譲渡金1円で成約に至ったこともある。

また、売却金額に執拗にこだわるオーナーもいた。こうしたケースで一番多いのは、ご自身の健康問題、2番目はご家族の病で、高額な医療費が必要というパターンだ。だからと言ってこちらも金額で妥協することはできないが、事情がわかれば条件等でできるだけ協力したいと思うのが人情だ。

あるいは、ご子息の働き口について条件を出されるオーナーもいる。会社を売っても、自分の子どもはその会社の幹部として雇い続けてほしいというわけだ。実はこれが、オーナーにとって最大の心配のタネだったりする。買った会社を換骨奪胎したい新オーナー企業が、この条件を素直に受け入れることは少ないからだ。仮に受け入れても、2~3年で放り出すことが多いのである。

こういう情報を掴めば、その後の交渉を有利に進められるようになる。ご子息を長く雇用し続ける代わりに、その給与・報酬に相当する額プラスアルファを譲渡価格から差し引いてもらう、といった契約が可能になるのである。

逆に、最後まで真意を聞き出せなかったこともある。ある進学塾のオーナーは、売却直後にその資金を使って近所に新たな塾を立ち上げ、主だった講師や生徒を引き抜いてしまった。M&Aとしては成立したが、学研にとっては大失敗の案件だった。

先方が常に正直に本音を語ってくれるとはかぎらないが、できるかぎり聞き出す努力を惜しむべきではないだろう。

ここで相手の話を十分に吸収したら、できるだけ早期に相手の会社を精査して丸裸にしていく。この作業を「デューデリジェンス（先方企業の調査作業）」という。

第9則　デューデリジェンス①　数字の裏を読め

M&Aの意向表明は、「株式譲渡額○○億円で、○カ月間の独占交渉権がほしい」という形で行われる。この金額、この期間で詳細な条件を詰めたいと申し出るわけだ。

だが学研の場合、最初から明確な金額を提示することはない。「○○億円から○○億円の間で」と幅を持たせるのが常である。

その上で、先方の企業について徹底的に調べ上げ、妥当な金額を割り出す「デューデリジェンス」を行う。前項でも触れたが、とにかく先方について知り尽くすことがM&Aの基本中の基本である。

もちろん先方企業のオーナーや担当者は承知しているが、社員にまでは知らせてはいない。だから経営に関するすべての資料を会社から持ち出し、ホテルの1室などにそれを持ち込んで精査することになる。あまりに資料が大量で、持ち出し作業が大掛かりになったときには、社内向けに「税務調査が入った」と嘘のアナウンスをしてもらったこともある。

精査に参加するのは、こちら側の経営戦略部門や経理部門の担当者、FA、それに先方の担当者。継続中の事業計画の状況や財務関係などについて、実態に則して徹底的に調べ上げていく。疑問点や注意点を1つひとつ洗い出すことが主な作業と言ってもいいかもしれない。

ただし、単に会社の価値を査定して金額を算出するだけが目的ではない。それよりも重要なのは、その会社にどれだけのポテンシャルがあるか、目指す事業計画を実現するにはどこをどう改革すればいいかを明らかにすることだ。一般に行われているデューデリジェンスは、このあたりがあまり徹底されていないように思える。

たいていの場合、M&Aの準備をすると、化粧直しといってPLの数字を良くする。新規投資は行わず、徹底的なコストダウンでデューデリジェンスに備える。そうすれば表の数字は良くなるが、成長率は止まってしまう。

例えば進学塾の場合、校舎の新設によって生徒数を拡大させるという事業計画を立てていることがある。だが建設費の見積もりが低かったり、生徒募集の費用を計上していなかったり、短期間のうちに上限まで集められると想定していたり等々、甘い見通しを立てていることが少なくない。

あるいは介護施設なら、すでに入居率が１００％に近いのに、さらに売上を伸ばすという目標を立てていたりする。給料を下げたり従業員を減らしたりして利益を嵩上げしていることもある。こういう部分はきっちり指摘して、場合によっては減額の交渉に臨む必要がある。

それにオーナー企業の場合、オーナー個人の経費を会社の経費に交ぜていることもよくある。高級車が典型だが、意外に多いのがクルーザーの購入だ。減価償却の耐用年数が４年と短く、しかも新品と中古の値段がさほど変わらないため、会社の経費で買って４年後に売れば絶好の節税になるわけだ。

だが経営権を取得する際、クルーザーまで引き受けるわけにはいかない。明らかにオーナーが私用しているなら、オーナー個人に対価の支払いを求めて引き取ってもらう必要がある。各種会員権も同様だ。

また、資料だけでは見えにくい部分もある。例えば、各社員をどういう経緯で採用しているか。進学塾の場合、元生徒が大学生になってアルバイトで講師になり、卒業後にそのまま正規採用されるパターンがある。こういう講師が多い塾は、間違いなく伸びる。それだけ職場として魅力があるということであり、離職率も低いからだ。逆にそういう講師が少ない塾、アルバイトばかりの塾の将来は危うい。

あるいは経営幹部にしても、生え抜きが少なく、中途採用者やヘッドハントで招き入れた人で占められている場合は注意が必要だ。経営上のどこかに問題があると考えたほうがいいだろう。

第10則　デューデリジェンス②　先方の社員の声を聞け

たとえ財務諸表が良好な企業でも、かならずしも健全な経営を行っているとはかぎらない。デューデリジェンスでは、その数字の裏側まで読み取る必要がある。どういう稼ぎ方をしているかが重要なのである。

例えば進学塾の場合、やたらと「無料キャンペーン」を宣伝して生徒を集めているところがある。こうした販促手法はどの業界にも存在するが、進学塾の場合は少し違う。例えば、高校受験を控えた中学2年の秋以降は、進学塾を頻繁に変える余裕はない。それを見越して生徒を囲い込み、抜けられない状況で受講料を吊り上げるのである。中学3年生向けの短期の夏期講習代として、30万円以上を取る塾もある。

けっして違法というわけではないが、生徒やその親御さんの弱みにつけ込むような、阿漕《あこぎ》な商法である場合も多い。どれほど業績が伸びていたとしても、学研がこういう進学塾と組むことは絶対にないだろう。

あるいは阿漕ではなく業績が良かったとしても、その理由を探る必要がある。多くのライバルがひしめく中で勝ち残ってきたのか、それとも地域で唯一の進学塾として伸びてきたのかでは、意味合いがまるで違う。当然ながら、強いのは前者だ。後者の場合、教育の質はどうなのか、もし近隣にライバルが登場したらどうなるか、精査する必要がある。

また、よくあるのがワンマン経営による社内のパワハラやセクハラだ。例えば社員の離職率が高かったり異動が多かったりすれば、社風のどこかに原因があると考えるべきだろう。仮に経営者が代わればその社風は一新されるのか、もしくは悪しき伝統として受け継がれるのかも重要なポイントだ。あるいは先に述べたとおり、社員の給料を安く抑えて会社の利益を嵩上げする例も少なからずある。これらが社員の士気や忠誠心にも直結することは、言うまでもない。

それから進学塾の場合には生徒のようす、介護施設の場合には入居者のようすも見ておく必要がある。これらも数字には表れにくいが、だからこそ現場に足を運んで日常の様子をよく観察しなければならない。

もっとも有効なのは、先方の複数の社員から直接取材することだ。できれば食事でも一緒にしながら、仕事や会社に対する思いなどをざっくばらんに聞いていく。本音を語ってもらえるかどうかはわからないが、その話しぶりや表情から、社内の雰囲気や士気の高さを窺い知ることはできるだろう。

取材という意味ではもう1人、欠かせないのが後継者だ。決まっていない場合が多いが、もし目処が立っているなら、早い段階で意思疎通を図って今後の事業展開をすり合わせる必要がある。オーナーが代わったとたん、複数の幹部や顧客を引き連れて独立するケースもあるからだ。「今後3年以内に退任しない」といった契約を結ぶこともある。

数字上の現状分析についてはFAのようなプロのほうが鋭いが、それだけでは足りない。現場で働く人の生の声を十分に吸収して、ようやくその会社の輪郭を明らかにすることができるのである。

第11則　デューデリジェンス③
質問は「いい点」と「悪い点」をワンセットで

M&Aは情報戦でもある。単に数字を積み上げるだけではなく、いかに先方の本音を掴むかが交渉の鍵を握る。だからデューデリジェンスにおいても、先方とのコミュニケーションが欠かせない。立ち会う担当者に、疑問点を逐一尋ねることが第一歩。担当者に答えられないことは、先方のFAに尋ねたり、オーナーに直接電話で問い合わせたりすることもある。

実はこのときが、価格交渉の唯一のタイミングでもある。証拠を照らし合わせながら議論するからこそ、説得力が生まれる。仮に減額を提案するなら、先方が納得するまで、むしろこちら側が丁寧に説明する必要がある。そのタイミングを逃し、後になって減額を申し出ても、容易には受け入れてもらえない。だからこそ、デューデリジェンスには真剣勝負で臨まなければならないのである。

当然、先方にとって面白い時間ではない。これまで自分たちが行ってきた事業を批判されたり、不備を指摘されたりするからだ。先方のオーナーから「俺の人生を全否定する気か」と凄まれたこともある。また先方が上場企業の場合には、その監査法人まで敵に回すことになる。デューデリジェンスとは、「あなた方の監査結果はアテにならない」と言っているようなものだからだ。実際、杜撰な監査は意外と多いのである。

したがって、一歩間違えばこの時点で決裂することもある。それを避けるには、こちら側もいくつかの配慮が必要だ。

まず、できるだけ先方の担当者を味方につけること。不備について理詰めで説明し、納得してもらえれば、その担当者からオーナーに報告が行く可能性がある。オーナーにとっても、部外者からいろいろ文句を言われるより、自分の部下に指摘されるほうが聞く耳を持ちやすいはずだ。

また担当者にとっても、会社の問題は自分の問題でもある。オーナーは売却によって会社を去るが、多くの担当者はそのまま残るからだ。「我々はこの数字を背負わないといけないんです」とオーナーに進言してくれた担当者もいた。そう言われれば、オーナーも対処しないわけにはいかないだろう。

あるいはこちら側の担当者にとっても、さすがに先方の担当者に聞きにくいような厳しい質問もある。1室に籠もって共同で作業している以上、人間関係を壊したくはない。そういう場合はメモを残してもらい、私が後で立ち寄って尋ねることもあった。「社長」の肩書がある分、同じ質問でも重みが違う。先方は答えにくいことでもきちんと答えたり、オーナーに問い合わせたりしてくれるのである。

そしてもう1つ、不備な点ばかり並べないこと。人格的にどれほど立派なオーナーでも、批判を繰り返されては感情的になる。そこで、オーナーに指摘や質問をする際は1度で済ませず、数回に分けて小出しにするのが鉄則だ。それも悪い点ばかりではなく、評価すべき点も同時に伝え、できるだけ心証を害さないように心がけている。何かいい点があればストックしておいて、厳しい指摘をする際の前フリに使う、というイメージだ。

例えば進学塾なら、生徒の継続率の高さを褒めながら、生徒数の伸び悩みを指摘する。先生方の離職率の低さを評価しながら、経営幹部との給与格差について問う。それまでに膨大な時間と労力を要しても、下手なコミュニケーションによって一瞬で水泡に帰すこともあり得るため、このあたりはどれほど神経を使っても使い過ぎることはない。

第12則　のれん代の償却期間は慎重に

M&Aの際にかならず焦点になるのが、「のれん代」だ。企業の無形資産を指すもので、例えばブランド力や技術力、市場シェアなどがこれに当たる。その企業の純資産額と、M&A価格（将来価値）との差額とも言い換えられる。

その性質からわかるとおり、明確な金額で表されるものではない。当然ながら、売る側はできるだけ高く見積もる。その後の経営や残る社員の負担を考えるなら、多少安くしてもよさそうなものだが、そういうオーナーは少ない。私の経験から言えば、せいぜい５〜10%がディスカウントの限界だろう。

一方、買う側はもちろんできるだけ安く抑えたい。学研の場合は、営業利益の３〜５年分以内という基準を設定している。それ以上になると、あまりに負担が大きいからだ。そのせめぎ合いが、デューデリジェンスの肝だろう。

同時に慎重に検討すべきなのが、のれん代の原価償却の期間だ。例えば純資産10億円の会社を15億円で買うとすると、５億円がのれん代ということになる。これを最長20年、実質的には業績や買収資金の回収期間などから判断して５〜７年程度で減価償却していくが、仮に５年とすれば年間１億円を計上することになる。

ところが、営業利益が年間８０００万円だったとすれば、差し引き２０００万円の赤字になる。これでは事業計画も用意した改革も狂ってくるだろう。しかし10年で償却するなら、年間の負担は５０００万円になる。営業利益が変わらないとすれば、逆に３０００万円の黒字になるわけだ。

減価償却の期間は、こういうことを勘案して決める必要がある。だが財務部門や監査法人は、できるだけ短期に償却したがる。例えば以前、私が18年で計算していたところを12年に、7年で計算していたところを5年に勝手に修正されたことがある。それだけ大きな利益が出ると見込んでいるわけだが、たいてい机上の空論に過ぎない。一般的には、収益があがっているときは短期で、あがっていないときは長期が目安だが、実際には何が起きるかわからないのが経営である。

前にも述べたが、私は阪神・淡路大震災を現場で経験している。教室や事務所の物理的な破壊のみならず、その後の復興の支援も得られずにたいへん苦労した。あるいは東日本大震災でも、昨今のコロナ禍でも社会・経済全体が大きなダメージを受けた。その後も、ロシアによるウクライナ侵攻や台湾有事など、何が起こるかわからない時代だ。こういうことが起こり得るからこそ、より慎重な計算と、余裕を持った償却期間が必要なのである。

第13則　グループ・インした社員への説明を丁寧に

そもそもM&Aは、株主が自社の持株を売り、大金を得て去るだけの話である。正直なところ、それによって融資の個人保証が外れることに安堵するオーナーは多いが、その後の社員のことを気にかける株主は少ない。結局、会社自体は何も変わらないのである。

だから残された社員にとっては、新しい社長がどういう方針を打ち出すか、減給や左遷やリストラが待っているのではないかという不安感のほうが強くなる。実際、そういう占領軍による統治のようなM&Aの事例は少なくない。一般にM&Aといえば悪いイメージが先行しているのは、そのためだ。

社員や組織全体が浮き足立つようでは、いい仕事はできない。早期に不安や悪いイメージを取り除き、逆にメリットを感じて希望を持ってもらえるよう意識改革を図る必要がある。まして学研の場合、グループ・インした会社が過去最高益を達成することを常に目標に掲げている。そうならないとすれば、むしろグループ・インする意味はない。そのためには、社員に今まで以上に気持ちよく働いてもらうことが第一歩。ではどうするかを、逆算して考えるわけだ。

真っ先に重要なのは、M&Aに関して先方の社内向けにアナウンスをしっかり行うこと。外部からの発表が先になり、社員がそれを聞いて初めて事実関係を知るようではいけない。ほんの5分でも、極論すれば1秒でも先に、社員に直接伝えることが鉄則だ。それもおざなりな通達ではなく、きっちり式典のような形で行う。

さらに「学研グループへようこそ」という意味を込めて、何か記念品的なものを贈ることも忘れない。前にも述べたが、社員の家族構成に応じて学研の商品をお渡しすることを通例にしている。「株主が代わっても安心して働けそう」と思ってもらうことが一番だ。

ちなみに、会社を売却した旧オーナーの中には、「自分ばかり大金を得て申し訳ない」という気持ちから、残った社員全員に何らかのプレゼントを配られる方もいる。だが私の知るかぎり、そういうオーナーはごくごく少数である。

次に重要なのは、待遇を改善すること。今まで以上に能力を発揮してもらうには、インセンティブが欠かせない。それには資金が必要だが、望ましいのは第三者割当増資を組み合わせたM&A、それが難しいなら新しい株主として融資の保証人になること。会社にお金が入れば、給与体系を見直して増額するとか、新しい設備を導入するといった施策が可能になる。このあたりもデューデリジェンスの最中に検討することが望ましい。

例えば以前、都内のある会社をグループ・インした際には、ただちに都心の新しくてきれいなビルへ転居してもらったことがある。資金は同社の老朽化した自社ビルを売却することで捻出できた。この会社の社員にとっても、学研にとっても、また不動産の活用という意味でもデメリットのない施策だった。

あるいは直近の案件では、給与体系に業績連動報酬を導入した。おかげで人件費の総額は今までより増え、当初は収益減となるが、それによってやがて過去最高益を狙えるなら問題ない。

それからもう1点、意外に盲点なのがグループ・インした会社の取引先や顧客への配慮だ。株主の交代に不安を抱くのは、これらの方々も同じ。それを払拭するために、何が変わって何が変わらないのか、あるいは何が良くなるのか、納得していただけるまで説明する必要がある。

例えば学研の競合他社とも取引のある取引先の場合、学研のグループ会社との取引が始まるとなると、学研の競合他社側から関係を絶たれるおそれがある。学研としては、その取引先に対してそういうリスクを丁寧に説明しつつ、できるかぎり補って余りある関係になるよう努めている。

また、やはり記念品的なものを用意することも同様。取引先の社員や顧客、進学塾の場合なら生徒、介護施設の場合は入居者やそのご家族に向けて、学研の自社商品をプレゼントする。その他、特注品の紅白饅頭や瓦せんべいを作ったこともある。ひとえに「あの会社は学研のグループに入ってよかった」という印象とともに、今後も末永く利用してもらうためだ。

こうした配慮を、学研は最初からできていたわけではない。試行錯誤を繰り返し、失敗を重ねて経験を蓄積した結果、ようやく掴んだ方法論である。それだけに、実践してまず間違いはないと自負している。

第14則　社内改革のタイミングを逃すな

M&Aは、対象の会社を改革する最大のチャンスにもなる。デューデリジェンスによって業務内容が丸裸になり、いい点も悪い点も、こうすればもっと伸びると思われる点も明確になるからだ。それを踏まえて、人事制度を変えたり新たな目標を設定したりできるのである。

グループ・インした企業の中には、それを飛躍の機会と捉えて自ら施策を打ち出すところもある。2019年に仲間に加わった会社もその1つ。ODA（政府開発援助）のコンサルタントをはじめ、企業の海外進出支援や人材育成に定評のある会社で、多くの社員が修士号、または博士号取得者というエリート集団でもある。

同社の場合、グループ・インの決定直後から、学研側に合同のワークショップを持ちかけてきた。双方の強みを合わせることで何ができるか、徹底的に話し合おうというわけだ。他のグループ企業でも応用したいと思うほど有意義なイベントだった。

だが、こういう事例は少ない。たいていは学研側が新オーナーとして改革を主導することになる。その際には、細心の注意を払う必要がある。

もっともありがちで、またもっとも避けるべきは、迎え入れる企業側の余剰人員を先方に押し付けるケース。迎え入れる企業側の人件費は軽くなるが、先方のメリットが少ない場合が多い。そうなると、人件費の負担をなるべく減らすため、全体の給与水準を引き下げ、もしくは人員を減らし、社員の士気を落とし、業績も下降してますます給料が下がるという負のスパイラルが待っているだけだ。

かといって、その負担を顧客に転嫁するのも間違いだ。例えば介護施設で売上を伸ばそうと思えば、入居料を引き上げるのがもっとも手っ取り早い。しかし、それは利用者にとって迷惑なだけ。値上げそのものより、利用者のことを何も考えない経営姿勢が問われることになる。結局、評判を落とし、ブランドの価値を下げ、自分たちがしっぺ返しを食らうだけだろう。そういう意味でも、同業者に売るパターンは高くは売れるが、社員や顧客のことを考えると、成功しない例が多い。

M&Aで莫大な資金を投じている以上、回収を急ぐ気持ちもわからないではない。実際、こうした施策で直近の数字上は成功しているように見えるかもしれない。だが、それもせいぜい2〜3年までだ。それ以降になると、顧客が去り、社員が去り、間違いなく組織は疲弊して細っていく。M&Aの失敗の多くは、このパターンではないだろうか。

学研はけっしてこういうことはしない。社員を押し付けることも、急に値上げすることも、あるいは独断専行型で改革を進めることも禁じている。改革すべきはしているが、それはあくまでも先方との協議の末、お互いに納得してからの話だ。

前にも述べたが、おかげで学研のM&Aはしばしば「ぬるい」と評される。たしかに経営陣が入れ替わるわけでもないし、リストラ等も行わない。最初の2〜3年で業績が大きく変わることもない。だが3年後、5年後にはたいてい過去最高益を叩き出している。言い換えるなら、学研は目先の利益を追わず、5年後、10年後を見据えた改革を行っているのである。

第15則　経営陣を無理に送り込む必要はない

M&Aの成立とともに、経営陣は刷新したほうがいい。前オーナーが社長として残ったり、その意向を受けて親族が次期社長に就いたりすると、たいていうまくいかない。いくらデューデリジェンスで改善点がわかったとしても、以前の体制や事業計画が温存され、「ぬるい」学研としては口出ししにくくなるからだ。ただちに経営が悪化することはないが、シナジーを期待できず、ジリ貧になるだけである。

一方、創業者や屋号、会社名は残せるだけ残したほうがよい。先方から言ってくるまでは、こちらからは提案しないほうがかならず伸びる。

新しいトップは先方の社員から選ぶのが最適だが、適任者がいなければこちら側から送り込む。それによって改革を進めるわけだ。当初は社内に動揺が広がったとしても、方向性を間違わなければ軌道に乗るはずである。

仮に人を送る場合には、その人選にも気を配る必要がある。まずNGなのは、先方のこれまでの成果や事業計画を全否定するような人物。その類似型として、「学研ではこうやっている」「自分はこれで実績を残してきた」と我流を押し付けようとするタイプ。過去にこういう人物を送り込んだ際には、いずれも先方から早々にはじき出された。はじき出す強さがある会社ならまだよいが、買われた身だからとそれを受け入れて士気が下がり、業績まで下がる会社もある。

先に述べたとおり、まず候補に挙がるのはM&Aの企画・交渉時から携わり、その会社のことをよく知る人材だ。だがこの観点で見れば、かならずしも適任とはかぎらない。気負いと自信が大き過ぎて専横的になり、嫌われることが少なくないのである。いわゆる〝キレ者〟かどうかより、先方で社員としっかりコミュニケーションをとれる人物であることが大前提だ。

たしかに株式の買い手と売り手という関係は存在するが、先方の社員には何ら関係のない話だ。それにM&Aは支配するためではなく、お互いにシナジーを発揮するための戦略に過ぎない。その意味ではまったく対等であり、偉ぶる理由は何もないのである。それより、もともとの社員のモチベーションをいかに引き上げ、あるいは育て、より能力を引き出せるかにエネルギーを注ぐことが重要なのである。

また、先方の経営陣と私自身との定期的な面談も欠かせない。何らかの理由をつけた会食が望ましいし、それなら円卓を囲む形の中華料理がベストだろう。大皿を回しながら酒を酌み交わしていると、先方の本音に近い意見や要望を聞くことができるのである。

第16則　撤退戦も礼節を重んじて

一気呵成に攻め、ダメとわかればすぐに撤退して次のターゲットを狙う。欧米なら、こういうクールでドラスティックなＭ＆Ａもあり得るかもしれない。だがおそらく、その成功確率は高くないだろう。実際には、じっくり攻めて簡単に諦めないこと、撤退するにしても好印象を残すことが成功の秘訣だからだ。

学研の過去や現在進行形の案件でも、３カ月～半年で成約するスピード勝負もないわけではないが、平均するとだいたい５～６年がかりだ。15年以上かかっているものもある。ここまで述べてきたように、ひたすら議論を積み重ね、信頼を築くことに心血を注ぐ。私の中では、無数のシリンダーに少しずつ努力の汗を溜め、そのうち何本かがいつか報われるのを待つ、という感覚だ。

けっしてクールでもドラスティックでもない。

当然、途中でブレイクしかかることも茶飯事だ。早々に決裂することもあるし、最終段階でマリッジブルーのように揺れて振り出しに戻ることもある。欧米流なら、見切りをつけて次に向かうところかもしれない。

だが、それで終わりとはかぎらない。M&Aの世界では、敗者復活戦も十分にあり得る。むしろそこから、「待ち」の体制に入るわけだ。その基点となるのが、一旦ブレイクした際の態度である。

ポイントは大きく2つある。1つは、けっして相手に対して非礼にならないこと。M&Aは大きなお金が動くし、相手にとっては人生を賭けた決断の場合もある。だから考えが揺らいだり、こちらに対して感情的になったり、理不尽な要求を突きつけてきたりすることもある。それに乗ってこちらも感情的になると、もう喧嘩別れするしかない。関係を修復することも不可能に近いだろう。

だが、こちら側があくまでも冷静に、誠意を尽くして接すれば、少なくとも悪い印象を持たれることはない。一旦は白紙に戻ったとしても、相手はまたいつか売りたいと考えるときが来るかもしれない。そのときに真っ先に思い出してもらえたとすれば、誠意はけっしてムダではなかったことになる。これが、「シリンダーに汗を溜める」ということだ。実際、こういう事例を私は幾度も経験している。

もう1つのポイントは、けっしてこちらから断らないこと。面談を繰り返しても、どうしても平行線のままで折り合えないことはある。しかしその場合も、「撤退します」とは明言しない。相手にボールを投げ、「これではダメ」と言われてから、「ならば仕方がない」と引き下がるのである。要するに、相手に断わってもらう形である。

これは責任転嫁ではない。相手の意思でブレイクしたことにすれば、いつかまたチャンスがあるかもしれない。その可能性に賭けているのである。

例えば50億円で売りたいと言っているオーナーに対し、こちらが「その額は無理」と断ったとしたら、その時点で案件は消える。しかし緻密なデューデリジェンスの結果として「どうしても40億円でお願いしたい」と誠心誠意説明すれば、その是非の判断はオーナーに委ねられることになる。たとえその場では断られたとしても、こちらの意思が変わらないことは伝わるだろう。別れ際に「また機会があれば、ぜひ」と頭を下げるのも常套手段だ。

オーナーは別の売却先を見つけるかもしれないが、見つけられなかったり、売却の交渉がうまくいかなかったりすることもあり得る。だいたいこういうオーナーの場合、条件面で折り合えないことが多いので、他の交渉も軒並みブレイクしがちだ。それでも売りたいとなれば、これまでの交渉相手の中で印象の良かったところを選ぶしかない。その最後の選択肢が学研になるまで、「待つ」のである。

その確率は高くないが、過去にもけっしてゼロではなかった。そしてふたたび面談が再開されたとすれば、そこから先はトントン拍子に話が進む。退職金での支払い、会長としての給与等々、多くの知恵が出てくる。前回のブレイク時に信頼関係ができているし、こちらの要望も伝わっているので、あとはオーナーの同意を待つのみである。

第17則　個人知から組織知へ

ここまで、M&Aの流れに沿ってうまくいく秘訣を挙げてきた。最後にもう1つ重要なのは、成否はともかく担当者個人のM&Aの経験知を組織全体に広げること、そして後進に伝えることだ。

これは、私自身の目下の課題でもある。学研では経営戦略部門や財務部門がM&Aを主導している。昨今はなるべく彼らに任せているが、私のこれまでの知見や具体的なノウハウは彼らに伝えなければならない。今でも重要な面談にかならず同行するのは、そのためでもある。

伝えるべきことは山ほどある。ここに述べてきた17の原則はもちろんだが、もっと基礎的なこと、例えば面談時の頭の下げ方、座席の位置、名刺の出し方、手土産、会食後のタクシーの呼び方等々まで、こと細かに教えなければいけない場面もある。まして先方に経営陣として赴任する人材には、よりいっそう丁寧に指導してきたつもりである。おそらく社員からは煙たがられているが、結局のところ、M&Aの現場は人間対人間の心理戦だ。些細な姿勢、言葉遣い、発言などで状況がひっくり返ることはいくらでもある。それを避けるために、細心の注意が必要なのである。

最終的には、担当する誰もが同じレベルで先方と接することができ、なおかつその手法が次世代にまで継承されることを目指す。つまりは組織知に昇華させるということだ。

これは学研のみならず、日本のあらゆる企業・産業が真剣に取り組むべき課題ではないだろうか。どの業界であれ、後継者の不在という問題を抱える企業は少なくない。特に日本は、戦後のGHQの製造業弱体化政策によって、財閥解体と同時に相続税が極端に高く設定されたまま、今日に至っている。

その直撃を受けているのが、1960～70年代に創業し、オーナーがそろそろ引退期に入っている個人経営の中小企業だ。彼らが事業を子どもに継承することは容易ではない。負担をかけるぐらいなら、いっそ自分の代で廃業しようというオーナーが多いのである。

それは、その会社が培ってきた技術やノウハウなども消滅することを意味する。時代遅れなら仕方ないが、活かせる道がありながら継承されないとすれば、たいへんもったいない話だ。その打開策になり得るのが、M&Aであると私は考えている。

国内においてもっとM&A市場が活性化すれば、さまざまなコラボレーションからシナジーが生まれる。それも欧米流の切った張ったの取引ではなく、お互いに大事な伝統を持ち寄り、尊重し合い、高め合おうとするからこそ効力を発揮する。まして世界と戦うなら、優れた企業を束ねて規模の拡大を図る必要がある。そういう「日本型M＆A」が定着することを望んで止まない。

そのためには、国家として例えば「M＆A優遇税制」のようなものも検討されてしかるべきだろう。ひいてはそれが、国内産業の成長を促し、国力を高めることにもつながるはずである。

第5章

4年目の落とし穴

――経営の手綱を締め直す

もの言う株主との攻防

２０００年代後半の低迷期、学研はいわゆる〝もの言う株主〟との買収騒動にみまわれたことがある。ファンド名はエフィッシモ・キャピタル・マネジメント。かつて世間を騒がせた「村上ファンド」の元メンバーが立ち上げたアクティビスト（もの言う）・ファンドで、昨今では東芝の筆頭株主として同社を揺さぶっていることでも名を馳せている。

彼らは一時、学研株を18・82％まで保有した。20％を超えると買収防衛策の発動を検討することになっていたので、そのギリギリまで買い占めたわけだ。その上で、彼らは遠藤前社長の解任を提案してきた。まさにアクティビスト・ファンドの教科書どおりである。

このタイミングで、学研はかねてより検討していた持株会社化を行った。これに対して、エフィッシモ側は株の買取を学研に要求してきたため、買取価格の交渉を提案し、最終的に裁判で決着をつけることとなった。およそ3年に及ぶ攻防劇の結果、彼らの買取価格より低い金額で契約が成立し、彼らは損失を出して学研から撤退したことになる。

この一件は、上場企業がアクティビスト・ファンドに勝利した稀有な例ではないだろうか。現に、同じく狙われた企業からアドバイスを求められることもあった。

たしかに日本は資本主義の国だが、行き過ぎた株主資本主義は弊害が大きい。単純にお金の力で企業を支配しても、利益を得られるのは一部の株主だけ。例えば企業が持つ土地を売却させ、その利益で配当金を釣り上げ、株価が目標に達した時点で売却して利ざやを稼いで去る。これが〝ハゲタカ〟の常套手段だ。経営をもっと良くしようとか、社員の給料を引き上げようといった発想はいっさいない。

もちろん企業にとって株主は欠かせない存在だが、他にも複数のステークホルダーがいる。私が経営トップとして日常的に気にかけているのは、やはり第1に顧客のこと、第2に社員のこと、第3に取引先のことである。会社の存在価値はいかに顧客を満足させられるかにかかっており、そのコンテンツやサービスを生み出すのが社員と取引先の連携だ。この3者が活き活きとすれば取引先も地域のコミュニティも元気になるし、ひいては社会全体を豊かにできる。結果的に必ず株主還元にもつながるはずである。

株式会社はこのプロセスが大事であり、株主だけ一足飛びに利益を掠め取ろうという発想は間違っていると思う。顧客を離れさせ、社員を疲弊させては、元も子もない。昨今、原丈人先生が提唱する公益資本主義は、我々の目指すところでもある。

「無気力なカマス」を蘇らせる法

見方を変えれば、当時の学研はこのような騒動にみまわれるほど経営に苦戦していたということとだ。そのさなかに社長に就任した私が真っ先に取り組んだのは、第1章で述べたとおり社内改革である。

東京本社で勤務しはじめてからわずか6年での就任だけに、私の社内での知名度はかなり低かった。さながら落下傘部隊として唐突に最前線へ舞い降りたようなものである。だからこそ余計なしがらみがなく、動きやすかった面もある。逆に言えば、やはり改革には外部からの力が必要で、自助努力だけではなかなか難しいのかもしれない。これは学研にかぎった話ではなく、多くの企業や団体組織、さらには国家にも当てはまるだろう。

一方、どんな企業でも改革は必然だ。今、軸となる収益源を持っていたとしても、それが未来永劫続くことはまずない。一般に「企業30年限界説」「事業10年限界説」などと呼ばれるが、たしかに1つの商品が30年も売れ続けることは、ゼロではないがレアケースである。まして回転の早い昨今、30年どころか10年でも珍しい。大半はせいぜい4~5年の勝負ではないだろうか。そのサイクルに合わせるには、組織自体もどんどんアップデートしなければならないはずである。

ところが現実問題として、人間は〝慣れ〟に弱い。ひとたび水平飛行に入れば、永遠にその状態が続くと錯覚するし、またそう願う。要するにできるだけ楽をして、余計なエネルギーを使いたくないのである。その状態が長く続くと、無気力になる。いわゆる大企業病の症状だ。

かつて高校時代、恩師が教えてくれた「カマスの実験」の話が今でも強烈に印象に残っている。水槽の中央に透明な間仕切りを入れ、一方に肉食魚のカマスを、もう一方にイワシを入れる。カマスはイワシを捕食しようとするが、間仕切りに激突するばかりで食べられない。やがてあきらめたカマスは、間仕切りを取り除いてもイワシを追わなくなる。ついには、そのまま餓死するらしい。

カマスも人間も、似たようなものかもしれない。餓死するかどうかはともかく、困難な状況でもうダメだとあきらめたり、環境に慣れたりすると、再チャレンジすることなく惰性で生きてしまうのである。『論語』に記された「今汝は画《かぎ》れり（自分で自分に見切りをつけている）」だ。

まして大企業なら、給料はそこそこ高いし、ほとんど潰れることもない。自分ががんばらなくても誰かが稼いでくれるという思い込みもある。そんな意識が組織全体に蔓延すると、やがて恐竜のように時代遅れの存在になってしまうのである。そうなるともはや手遅れであることは、言うまでもない。

なお、「カマスの実験」の話には続きがある。無気力になったカマスを蘇らせる方法が存在するのである。それは単純な話で、同じ水槽にもう1匹、元気なカマスを投入すればいい。新入りのカマスは喜んでイワシを追いかける。その姿に触発されるように、先輩のカマスも元気を取り戻していくのである。

これほどわかりやすい例も珍しいだろう。人間の組織も同様。大企業病を避けるには、常に新しい人材を投入すること、そして常に新しい課題にチャレンジし続けること。大きく言えばこの2点に尽きるのではないだろうか。

中高年社員をいかに処遇するか――リストラではなく

とりわけ40〜50年以上の歴史を持つ企業にとって大きな懸案事項が、中高年社員の処遇だ。終身雇用制と60歳定年制の呪縛により、この層は社員構成の中で一定のボリュームを占めている。しかし商品と同様、以前と同じ仕事の繰り返しでは時代から置き去りにされるだけだ。もちろん管理職になって職務の内容が変わることもあるが、そのポストはかぎられている。

かといって彼らに新しいポストを提供するために新規事業を立ち上げたとしても、ほぼ間違いなく失敗する。彼らの給料は20〜30歳代の若い人よりずっと高く、その分固定費が余計にかかるからだ。

それに新規事業といえばDX、つまりデジタル関係か、もしくは海外展開が多くなる。今から勉強を始めて新しいスキルを身につけたり、知識を得たりできるかと言えば、それもなかなか難しい。若い人には体力・意欲ともに敵わないだろう。結局、仮に若い人だけで始めれば2年で黒字化できる事業が、給与の関係もあり、中高年が中心だと3〜4年はかかってしまう。これでは企業として許容できない。これは当時のみならず、今も、それに少なからぬ企業が抱えているであろう大きな問題である。

では、こういう人材をどう処遇すればいいいか。もっとも安易なのは欧米企業のようにリストラを行うことだが、それはできるかぎり避けたい。長く働いてもらうのはいいとして、ただし実力に見合う給料に改めるのが、もっとも望ましいのではないだろうか。

昨今は定年延長の議論が盛んになっている。従来は60歳までだったとしても、65歳、70歳まで働くことが可能になりつつある。その場合、一旦退職した上で再契約という形が一般的だろう。実はこれは、社員の側のみならず企業側にもメリットがある。知識や経験を活かしてもらえると同時に、人件費を適正に設定できるからだ。

もちろん、会社としても彼らにできるだけ最適な働き場を用意する必要がある。例えば書籍・雑誌の編集作業なら、知識や技術さえあれば年齢とはさほど関係なく続けられるだろう。むしろ若い人への指導やバックアップの役割も期待できる。

あるいは、中高年層の知識や能力をアップデートできるような再教育の場があってもいい。今、注目のリカレント、リスキリングはまさに必要だ。大学卒の力で、同じ企業で40年働く時代は間違いなく終わった。ＤＸは難しくても、ＳＤＧｓ対応やＥＳＧ対応など、昨今の事業に欠かせない分野が少なからずある。そういうポジションや仕組みを組織の中に作るのが、経営の仕事である。

定年後にも働き場を提供

加えて学研の場合、先に述べたような積極的なM&Aも、中高年社員の選択肢が増える一助になっている。出向または再雇用の形で、多様な働き口を提供できるからだ。

これにより、中高年社員は新たな働き口を得ることができる。受け入れ先の企業は労せずして人材を確保できる。そして学研も組織の構造をスリムにできる。つまり、うまくいけば3者ともにメリットを得られるわけだ。

これを成り立たせるための最低条件は、中高年社員にもう少し勉強してもらうこと。彼らがローパフォーマンスに陥る大きな理由は、単に年齢の問題ではなく、激変している外部環境を見ようとしないことだ。よく言われるとおり、今や事務的な作業はどんどんシステムやＡＩが代替しつつある。その変化に対応できなければ、たしかに居場所を失うだけだろう。

もともと日本ほど義務教育がしっかりしている国はない。その意味では、誰でも本来は優秀なはずである。世界的に見ても、日本の大学進学率53％はけっして低くない。大学時代はほとんど遊んで過ごしたかもしれないが、就職後にＯＪＴで鍛えられるので、本領を発揮できる。ところがしだいに慢心し、巡航速度で働くようになる。まして定年が近づくと、出力も下げていく。だから周囲の情報にも疎くなってしまうのである。

しかし60歳以降も働きたいと思うなら、周囲の状況を踏まえて、自分に何ができるかを考える必要がある。それも、今から門外漢の世界に飛び込むのは厳しいだろうから、できるだけキャリアを活かせる道を探すのが王道だろう。

学研の例で恐縮ながら、例えば管理業務の経験があるなら、保育園の園長を目指してみるのもいい。あるいは、保育や育児に関連する本や雑誌を作っていた編集者にとっても、現場に出るという意味で面白いかもしれない。

学研はグループ全体で全国に約70の保育園を運営している。60歳を過ぎてから園長になり、70歳代半ばになってなお勤めている人も少なからずいる。また学研アカデミーには、東京・蒲田に「保育士養成コース」があり、2年間学べば保育士の資格が取得できる。しかも保育士就学資金貸与制度を活用すれば、学費のほとんどを公費で賄うことが可能。本人のやる気しだいで、まだまだ道は開けるのである。

あるいはサ高住や介護施設の施設長や職員、海外で暮らしたければ海外展開している進学塾の講師などの働き口もある。手前味噌だが、これはM&Aを含め、長らく戦略的に事業展開を進めてきた成果でもある。けっして未知の分野に進出するのではなく、あくまでもシナジーが見込める業界・企業に焦点を定めて傘下に収めてきた。だからそれらの企業に移籍する社員も、まったくゼロから学び直すのではなく、ある程度はこれまでの知識や経験を活かすことができるのである。

これは、顧客に寄り添うという意味でも同じだ。まず雑誌『学習』と『科学』があり、紙の本に先生を加えた学研教室を開き、教室に通う子どもたちが中学・高校でも学び続けられるように進学塾や予備校を用意した。また、若かりしころに『学習』と『科学』で育った高齢者が安心して住めるサ高住を建て、その入居者が認知症などを患った場合の受け皿としてグループホームを展開する。いわばゆりかごから墓場まで、教育水準や文化水準の高い生活を送れるようなコンテンツ・サービスを一貫して提供し続けているのである。

ついでに言えば、こうした展開は取引先にもメリットを生んでいる。例えば出版不況で書籍・雑誌部門の紙の需要は減っているが、代わりに保育園や介護施設の紙おむつの需要は増えているから、全体で見た紙の需要はトータルでほぼ変わっていない。

つまり一連のM&A戦略により、社員の再就職の選択肢を用意できることに加え、傘下に入った企業にも、顧客にも、取引先にもメリットが行き渡っているわけだ。13年連続増収の原動力が、ここにあることは間違いない。

４年目、ふり出しに戻る

先に述べたとおり、社長就任から3年間は経営書にあるとおりのあらゆる社内改革を試みた。社員とのコミュニケーションを密にする、「羅針盤」というブログを定期的に発信して私の考え方や経営方針を伝える、新事業のアイデアを募るイベントを開いて士気を高める等々だ。加えて介護ビジネスも成長軌道に乗り、経営状態は急速に回復した。

上場企業のトップの任期はだいたい4年程度、長くても6年といったところだろう。私もそう長居せず、復活の目処が立ったところで引退しようと考えていた。また4年目あたりになると、他社から経営者として迎えたいというオファーが少なからずあったことも事実である。

ところがその4年目以降、このまま順調に回復するかに見えた経営が、にわかに凋落しはじめた。役員報酬の返上、社員の賞与の引き下げ、不急の在庫処分の中止などを実施し、辛うじて黒字を確保するような状態だった。

原因ははっきりしている。復活に手応えを感じた私が、少し各人・各部署の自主性に委ねようと手綱を緩めたからだ。イメージしたのはフラクタルな組織で、それぞれが経営感覚を持って事業の開発や発展に取り組めば、全社は飛躍的に成長すると考えたのである。だがそのとたん、もう大丈夫という安心感から、全社的に緊張が緩んでしまった。それにしても、これほど簡単に元に戻ってしまうのかと愕然とした覚えがある。

しかもやっかいなことに、人間は同じ苦労を繰り返すことができない。私はそのことを、防衛大学校時代に学んだ。例えば、右の皿に盛られた小豆を箸で1粒ずつ左の皿に移すという訓練がある。すべて移し終えたら、今度は左の皿から右の皿へ移す。これを24時間繰り返すのである。

単純作業なので、誰でも簡単にできるような気がするだろう。だがたいていは、1時間も持たない。すぐに飽きて耐えられなくなるのである。無理をして続ければ、気が変になるだけだ。単純作業ができないから、人間は常に何か刺激を求めたり、何かを思いついたりする。だから社会はここまで発展してきたのだろう。

マクロではそう評価できるが、おかげでミクロではたいへんな悪戦苦闘を強いられる。繰り返しに頼らずに、回復軌道へ戻さなければならない。ここで考えるべき選択肢は２つあった。私が退任し、新しい経営陣の下で心機一転やり直すか、それとも続投して打開策を探すか。

当時、私はこの問題にしばらく悩み続けた。夜討ち朝駆けで自宅に来た新聞記者にも、「いよいよ退任ですか？」と尋ねられたことがある。傍からは、そういう流れができているように見えていたのだろう。たしかに経営陣が代わるとなれば、その瞬間は会社全体に緊張感が走る。それも有力な手だったことは間違いない。

だが私は、続投を選んだ。緊張感がいつまで続くかわからないし、場合によっては３年以上前の状態に戻りかねない。それに何より、途中で投げ出すことは無責任に思えた。ふたたびＶ字回復を目指すことが私に与えられた責務と覚悟を決め、引退の道をあきらめたのである。

バラバラになりかけた方向性を再統一

このときに打ち出した策は、大きく２つある。

1つは、全社の方向性を再提示すること。過去3年間で業績が上向いたことにより、各部署には「いけいけどんどん」の雰囲気が生まれた。どう考えても赤字にしかならない新規事業を企画するなど、それぞれやりたいことを野放図にやり始めたのである。

背景には、仮にその事業が赤字になっても、他の部署の黒字がカバーしてくれるという思い込みがあった。もちろん社員1人ひとりに悪気はないし、自主的に判断して取り組む姿勢はおおいに買うべきだが、これでは全体の赤字が膨らむだけだろう。要するに気が緩み、慢心していたわけだ。

その徴候は3年目あたりからあった。当時の当期利益は18億円ほどだが、黒字事業の利益だけを合わせれば35億円ほどに達していた。つまり、赤字事業がざっと17億円分に達していたわけだ。さらに4年目以降になると黒字事業が縮小し、赤字事業が増えた。だから当期利益が急速に減少したのである。

その赤字部分が、将来的にプラスに転じることを見込める先行投資であるなら問題はない。しかしプラスにならず、むしろ過去の失敗のツケとして払うものがほとんどだった。このまま続けても、赤字を垂れ流すことは明らか。しかし一気に清算して減損処理すれば、今までの投資がすべてムダになるし、瞬間的に赤字は大きく膨らむし、人員の異動などの問題も生じる。だから清算の決断ができずにズルズルと継続し、結局赤字は雪だるま式により膨れ上がってしまうのである。いわゆるサンクコストの問題で、これはどんな企業でも多かれ少なかれ抱えているだろう。

そこで私が打ち出したのは、ルールと方針を徹底することだった。挑戦した結果として赤字になるのはかまわないが、過去を引きずった赤字はダメ。具体的には、原則として2年連続で赤字が続き、３年目の計画も赤字の場合、その事業からは撤退することにした。

同時に、今後はコンテンツ事業からサービス事業へ重点を移すと宣言した。もちろん出版や教材づくりは続けるが、そこに先生を付けて教えるなど、既存事業を軸としたコンテンツ＋αのビジネスを軸とし、それ以外に手を出してはいけないと訴えたのである。

この方針は、今も変えていない。事業構造としてはコンテンツとサービスがおよそ50％ずつになっているが、これをDXやグローバルの分野で展開することが目下の課題だ。言い換えるなら、当時から今まで、まったく手綱を緩めていないということでもある。ひとたび緩めたとたん、また元に戻るのではないかという恐怖心が刷り込まれているからだ。それほど、４年目の凋落はショックだった。

もう1つの策は、財務的な話だが、ギリギリ赤字にしなかったことだ。当時、融資を受けていた複数の銀行からは、減損処理を再三促された。とにかく赤字部門をすべて清算し、今期だけ大赤字を計上した上で、来期はゼロからやり直せばいいというわけだ。

たしかに、そのほうが経営的に楽になることはわかっていた。今期に当期損失として10億円を計上しても、身軽になった来期に当期利益を10億円以上出すことは十分に可能で、そうすれば差し引きゼロもしくはプラスになる。

ただし、もし2期連続赤字ともなれば、会社としての信用力が落ちて資金調達コストが上がるばかりか、さらに貸し剥がしの憂き目にも遭う。あっという間に存亡の危機に直面するわけだ。

もちろん、通常で考えればそのようなことはあり得ない。しかし不測の事態が起きたらどうなるか。私は、かつて神戸時代に阪神・淡路大震災を経験している。社長就任直後には東日本大震災にも見舞われた。同じような災害が、来期に起こらないとはかぎらない。その被害状況によっては、赤字に陥ることも十分に考えられる。あるいは昨今のコロナ禍で、日常がけっして昨日の連続ではないと感じた方も多いのではないだろうか。

だから私は、1期たりとも赤字にはしたくなかった。先に述べたとおり、役員報酬を返上し、早期希望退職者を募ることで、辛うじて黒字を維持したのである。

ちなみにその年、2014年9月期の当期利益は3100万円。前期が約18億円だったから、いかに急速に落ち込んだかがよくわかるだろう。また売上高は約900億円なので、どれほど綱渡りだったかもわかる。当時の財務担当者がさんざん苦労して計算してくれたおかげである。

退任を理解してもらうまで、面談20回

責任のある立場にいると、人に言いにくいことを言わなければならない場面もしばしばある。例えば、退任を言い渡すときもその1つだ。

先に述べたとおり、私は51歳で社長に就任したため、他の役員はほとんど年上だった。しかし経営陣の若返りを図るためにも、結果を残せていない役員については辞めてもらうしかない。それも一方的に告げるのではなく、本人に気づかせて「辞める」と言ってもらうのが私の流儀だ。

そのため、一方的に通達して終わり、とは絶対にしない。大前提となるのが、相手へのリスペクトである。どんな相手でも、怒らせたり、怖がらせたり、傷つけたりするのはまったく逆効果。礼を尽くして何度でも話し合って説得するのである。平均すれば６～７回はそういう場を持っていただろう。

それも同じ話を繰り返すのではなく、１回目はここまで、３回目はここまで、５回目はここまでとシナリオを練る。どういう言い方をすれば気分を害さずに理解してもらえるか、相手に合わせて言葉の選び方までシミュレーションしておくのが常だ。

もっとも説得力を持つのが、やはり数字だろう。相手が関わった事業の過去の数字、現在の数字、そして会社として目標にする未来の数字を提示する。たいてい過去より現在の数字が悪くなっていたり、伸びが鈍化していたりするので、「これをどうしましょうか」と問いかけていくのが基本である。

相手は当然、成功体験を持っているので、そのプライドを傷つけないように配慮しながら、それが現状では通用しないことを気づかせる。「未来の数字に近づけるアイデアはありますか？」「戦力になる人材はいますか？」といった聞き方をして、現状を認識してもらうことが第一歩。

その答えが抽象的だったりネガティブだったりしたら、「学研グループにとって大事な事業なので、テコ入れが必要では？」「私もあまり時間を割けないので、新たな人材を活用しましょうか？」と持ちかける。

ここで具体的な人名が出てくれば、その後は早い。「では彼（彼女）をトップに抜擢してみましょうか」という話になり、必然的に相手はその地位を去ることになる。すべて納得してもらえるわけではないが、現状やこちらの意向は理解してもらえる。相手も第一線で働いてきた社会人なので、そのあたりの呼吸はわかるのである。こうしたやりとりを、段階を踏みながら根気よく行っていくわけだ。

だが以前、どうしても辞めないと言い張る方がいた。このときは社内で10回ほど話し合いをした後、さらに社外で10回、会食しながら説得した覚えがある。ふだんはけっして飲まない赤ワインを、このときだけは相手の好みにつき合って何度も飲んだ。それだけ説得が難航したわけだが、けっして感情的になったり、強引に話を進めたりすることはなかった。結局、最後まで納得はされなかったが、理解はしてもらえたと思う。「もっと早くこちらから申し出るべきだったね」と言っていただき、気持ちよく退いてもらうことになったのである。

これは、退任にかぎった話ではない。社員や取引先などに向けて伝えたいことがあれば、その真意を理解してもらえるまで何度でも話す。むしろ、一度伝えただけですべて理解されたと思うほうが間違っている。それが、責任ある立場にいる者としての、コミュニケーションの基本ではないだろうか。

逆説的だが、だからこそ、私はふだん社内の役員たちと親しくなり過ぎないように気をつけている。本来なら体育会系のように円陣を組んで「がんばるぞ！」とやりたい性分だが、民間企業である以上、何より重要なのは業績だ。役員と齟齬のないように議論を尽くす必要があるし、場合によっては責任を取ってもらうときが来ないともかぎらない。その際に「情」に流されぬよう、常に一線を画したポジションを確保しておかなければならないのである。これは、民間企業トップの宿命のようなものだろう。

人の欠点は見るな、長所だけ見よ

私は社内にも社外にも〝敵〟がいない。相手が誰であれ、けっして声を荒らげたり強権を発動したりせず、敬意を払って気を遣いながら理解し合えるまで話し合うからだ。それに、意識的に常に柔和な表情を浮かべるよう心がけている。

こういう姿勢を身につけたのは、防衛大学校時代の経験が大きい。作戦の訓練上、人に命令したりされたりすることは茶飯事だが、怒ったり殴ったりして言うことを聞かせようとしても逆効果だ。かえって反発されたり、統制を乱されたりして士気が落ちる恐れがある。常に努めて冷静に、目標、目的を理詰めで伝えることが絶対条件なのである。

それに、白陵高校から防衛大学校時代の寮生活の経験も活きている。長く集団で寝食をともにしていると、人間の裏面も見えてくる。例えば誰かが先輩風を吹かせて理不尽なことをすれば、その悪評が尾ひれをつけて全寮に膨れ上がるのが常だ。そうなると、当人にとって寮は非常に居心地の悪い場になってしまうのである。そういう思いをするくらいなら、仲間内では余計な波風を立てないほうがいい。

その延長線上で、私が学生を対象にした講演などでよく強調するのは、「人を嫌いになるな」ということだ。誰しも欠点はあり、しかもほとんど直らない。傍からその部分ばかりを見ていると、だんだん嫌悪感を持つようになるかもしれない。そういう感情は相手にも伝わるので、当然ながら相手からも嫌われる。人間関係はこうして崩れていくわけで、お互いに得られるものは何もない。

だから欠点には目を瞑り、相手の長所だけを見るようにすればいい。そうすれば自然に好きになるし、逆に相手からも好かれる。これは心理学や人間関係について説いた本にたいてい書いてある大原則だが、まさにそのとおりだと思う。

社内に派閥を持たず、腹心の部下も持たないまま13年も社長を続けられた一因は、これを実践してきたからかもしれない。

どれほど考え抜いても失敗はある

経営者として当たり前かもしれないが、１つひとつの判断について徹底的に考え尽くすのが常だ。例えば１つの案件について、朝、昼、夜と３セットで考える。結論が一致すればいいが、違う場合には改めて考え直す。

それでもこの13年間で、経営判断のすべてが正しかったとは思っていない。検証が必要と思うことも少なからずある。

その１つは、経営陣の若返りが性急すぎたことだ。先にも述べたとおり、結果を出せていない役員については、相応の責任を取ってもらう必要がある。挽回できそうなら問題ないが、発想が時代遅れになっていたり、モチベーションが低かったりしたら、組織のためにも若くて優秀な人に交代したほうがいい。

その方針の下、現在は44歳や49歳の取締役がいて、36歳の執行役員もいる。M&Aによって傘下に入った若い企業のトップが学研の取締役に加わるケースもあるため、平均年齢は大きく下がった。

だかそれにより、比較的高齢の旧学研組と比較的若いM&A組との間に、世代的な分断が生まれた。具体的には、経営判断のスピードと、短・中・長期で見た判断にギャップが生じた。

あるいは２０２０年3月、学研は60億円のソーシャルボンドを発行した。これは社会的課題の解決、いわゆるＳＤＧｓに使い道を限定する債券で、学研としてはサ高住やグループホームなど医療福祉分野への投資資金とした。世間からは「さすが学研」と評価していただいたと思っている。

その1年後の２０２１年3月、今度はソーシャルエクイティを発行。これも社会的課題の解決のための新株発行と自己株処分で、やはり医療福祉分野の拡充に限定した資金調達だった。国内企業としてはいずれも日本第1号の発行である。

ところがその後、株価はジリジリと下がり始めた。株が希薄化されたので、これは当然だろう。問題は、そこから元に戻らなかったことだ。学研はコロナ禍にあっても13期連続で増収、8期連続で増益を続けている。これは国内上場企業の中では稀有な存在なので、その部分が評価されて株価も半年程度で反騰すると考えていた。

そうならなかったということは、どこかで判断ミスがあったに違いない。投資家の心理を読み切れなかったのか、増資を甘く見ていたのか、ソーシャルボンドで調子に乗ってしまったのか、あるいは時期がダメだったのか。たしかに「第1号」の称号を得るため、とにかく早めに動いた感は否めない。もし他社の先行事例があったら、もう少し立ち止まって熟慮していた可能性がある。

ただ13年の経営判断を振り返ると、走り過ぎたというより、もっと走れたのではという反省のほうが多い。先にも述べた「逡巡の罪」だ。勝てるときには圧勝しなければならない。４倍取れたはずの果実が2倍しか取れなかったとすれば、その作戦は失敗である。その意味で、ソーシャルエクイティのケースは珍しいと言えるかもしれない。

歴史上の軍事行動がビジネスの参考に

もちろん、経営上の失敗はできるかぎり避けなければならない。そこで私が常に続けているのが、読書である。特に軍事関係の本は何度も読み返している。

例えば、太平洋戦争時の連合艦隊司令長官の山本五十六に関する本は何冊も読んできた。世間一般に言われるハーバード大に留学した理想的なリーダー像としてではなく、反面教師としてだ。よく知られているとおり、山本は開戦前から日本の敗戦を確信していた。ところが時の近衛文麿首相に問われた際には、「最初の半年か1年は暴れてみせるが、2年、3年となると確信は持てない」という答え方をしている。これについての評価は種々あるが、現場のトップでありながら「負ける」と断言しなかった罪は大きい。

あるいは開戦から半年後、確実に勝利するはずだったミッドウェー海戦で大敗したときも、山本は後方600キロで戦艦大和に乗艦したままだった。その結果、現場の戦況を読み違え、山口多聞の意見を採用せず、南雲忠一の意見のままほとんど何もできなかった。しかも前線が劣勢に立ってからも、いっさい加勢に駆けつけていない。その理由は何だったのか、どういう判断や指示が正解だったのか、自分なりに検証することは今日の経営判断にも役立つのである。

対照的に学ぶべきところが多いのは、日露戦争でバルチック艦隊を撃退した連合艦隊司令長官の東郷平八郎だ。その出撃前、参謀の秋山真之が大本営に送った電報の末尾に加えたのが、有名な「天気晴朗ナレドモ波高シ」である。好天だから敵艦がよく見えるとともに、波が高いので敵艦の砲弾は当たりにくく、よく訓練を積んだ連合艦隊の砲弾は当たりやすい。つまり自軍に有利と宣言したわけだ。

そこまで読み切ったから、東郷や秋山が乗った旗艦の戦艦三笠は先頭に立ってバルチック艦隊に対峙した。自らを敵艦の標的としつつ接近し、大きく左に旋回していわゆるT字戦法で圧勝したのである。

ちなみに東郷を連合艦隊司令長官に起用したのは、時の海軍大臣山本権兵衛。山本は明治天皇にそれを奏上する際、「東郷は運のいい男だから」と説明したと言われている。冗談のような話だが、たしかに運は重要な要素だ。戦場では何が起きるかわからない。運悪く敵の砲弾に当たることもあるし、運よく九死に一生を得ることもある。能力が同じなら、持って生まれた運がある人物を抜擢したほうがいいだろう。経営判断や作戦というものは、ここまで考慮に入れる必要があるということだ。

特に軍事行動の場合、失敗は味方の死や国家の存亡に関わる。だから作戦が慎重かつ緻密になるのは当然だろう。犠牲をゼロにはできないにしても、いかに最小限に留めて最大の成果を引き出すか。そこに心血を注いできたことが、古今東西の数々の戦記から読み取れるのである。学生時代、野中郁次郎先生に４年間教わった民間企業のケーススタディと、この軍事史は私にとってバイブルである。

もちろん、民間のビジネスで命を賭けることはない。だが真剣勝負の作戦立案とはどういうものかという点において、軍事行動は学ぶべき点が多い。むしろビジネスに活かさなければもったいないとさえ思う。

余談ながら、日本企業の場合、新規事業が人物ありきで発足することが少なくない。「彼（彼女）は優秀だから、この新規事業を任せてみよう」「彼（彼女）が熱心に企画書を書いてきたから、やらせてみよう」といった具合だ。映画で言えば、最初に主役の役者を決め、そこからシナリオや脇役を決めていくようなものである。

だが軍隊において、こういう判断はあり得ない。もし当人が戦場で倒れたとき、作戦がすべて頓挫するおそれがあるからだ。例えばアメリカの陸軍士官学校（ウェストポイント）では、「戦略はストーリー、戦術はキャスティング、戦闘はチームスピリッツ」と教えている。最初に戦略を立て、それを実現するためにもっとも相応しい人材を選び、そしてチームで役割分担しながら戦うという順番だ。どちらがより確実に勝利を引き寄せるかは、自明の理だろう。

中高年こそ読書は不可欠

読書が必要なのは、経営者だけではない。先に述べた中高年層こそ、もっと読むべきだと思う。もし、中高年層で活躍の場が狭まっている人がいるとすれば、彼らのボトルネックは、インテリジェンスが足りないことだ。外部から入る情報量が少ないと、自分の頭で考える習慣を持たなくなる。世の中で何が起きているか、どう変化しているかに気づかなければ、日々を安穏と過ごしてしまうのは当然だろう。端的に言えば、思考停止の状態である。

もちろん、人を育てる最大の要素が自身の経験であることは間違いない。中高年層も社内外でそれぞれ経験を積み、仕事をしてきた自負を持っているはずだ。それも大事だが、経験には時間的にも肉体的にも限界がある。だから大海を知らない「井の中の蛙」になりやすいわけだ。

それを補うために、世の中の諸事を疑似経験させてくれるのが本である。歴史書はもちろん、最先端のＤＸや科学技術の本、政治学や経済学や経営学など学問分野の本、あるいは自己啓発のためのビジネス書など、ビジネスパーソンとして読むべき本は無数にある。そこから知識を得てみれば、現実を理屈で解釈したり、理論や理想とのギャップに気づいたりもするようになる。あるいは書き手の経験や苦悩を疑似体験して、これからどうなるか、自分ならどうするか、自分の頭で考えるようにもなる。知識が知恵に変わるわけで、それがインテリジェンスである。

こういう話をすると、よく「雑誌や新聞、ネット上のニュースを読んでいれば大丈夫では？」と質問されることがある。たしかに最新の情報を簡潔に得るには、雑誌等は便利だろう。しかし所詮は情報の断片であり、世の中の表層に過ぎない。それでわかったような気になると、大局を見誤る。もっと深く理解するには、本を読み込んで脳に刻むほどの情報量が欠かせない。

例えばＤＸにしても、日々メディアで取り上げられない日はない。それらの情報に接していれば、「いつか勉強しよう」という気にもなるだろう。だが、それでは遅い。関連の書籍を読んで体系的に理解すれば、「今すぐ始めなければ」と焦る気持ちになるはずだ。この違いが大きいのである。

実際、私は社内外で数多くの中高年層と接してきたが、若々しく第一線で働き続けている人は、間違いなく勉強家だ。その相関関係は見事で、ほとんど正比例するのではないだろうか。

インテリジェンスが豊富だから自分が何をすべきかをわかっているし、誰と何を話すにしても中身が濃くなる。その分、周囲から信頼されやすいので、自然と輪の中心に押し上げられるのである。定年を過ぎても、組織から延長を請われる人材になるだろう。

反面、才覚や何かの技術で組織のトップに昇り詰める人物もいるが、読書が足りなければたいてい長続きしない。先行きを見誤ったり、底の浅さを露呈して失望されたりする。これは印象論ではない。私はそういう人物を数多く見てきた。

そうなりたくなければ、とりあえず読書をおすすめしたい。ましてチームのリーダーや組織のトップに立ちたいと思うなら、なおさらだ。何も難しい話ではないだろう。話題のビジネス書は常に存在するので、まずはそのあたりから手をつけてみることだ。より多く読み込むほど、視野が少しずつ広がることを実感できるに違いない。そうすれば、多くの知識が知恵に変わり、より深みのある仕事ができるだろう。

「フラクタルな組織」を目指せ

アメリカのメジャーリーグで活躍する大谷翔平選手が、花巻東高校1年生のときに監督の指導で「目標達成シート」を書いていたことは有名だろう。9×9の81マスの中央に達成したい目標を書き込み、その周囲の8マスに目標達成のために必要な要素を書き、さらにその外側のマスに要素を満たすための具体的な行動を8個ずつ書いていくというものだ。その構図から、「マンダラチャート」とも呼ばれている。

大谷選手の場合は、中央に「ドラ1　8球団」とあり、その要素として「体づくり」「メンタル」「人間性」などを挙げている。また具体的な行動としては、例えば「人間性」については「感性」「思いやり」「礼儀」などとしている。今や「ドラ1」どころかメジャーリーグでMVPに選ばれるほどの選手になったのも、これらの行動を実践した結果なのだろう。

その活躍ぶりにあやかろうと思ったわけではないが、学研でも「マンダラチャート」を作成して社内報などで社員に共有している。民間企業である以上、「事業戦略」等に基づいた数字の目標を達成することはもちろん大事。だが、それだけではいけない。社会から求められ、すべての顧客、取引先、そして社員が幸福を実感できるような会社になることが大前提だ。

そこで中央の目標は「世界一尊敬される企業」とした。そのための要素として「ＤＸ」「グローバル」「ＳＤＧｓ」など８項目を挙げ、それぞれ８個ずつの具体的な行動を提示している。これらの課題を１つひとつクリアすれば、目標に近づけるということだ。

ただこれは、学研という組織全体の目標だ。社員には、これを踏まえて自分個人や自分の所属する部署単位の「目標達成シート」を作成することをすすめている。中央にどういう言葉を書き込むか、そのために何が必要か、考えれば考えるほど自分や自分の部署の役割が明確になり、具体的に何をすべきかがわかるからだ。また、こうしてでき上がった個々人の「目標達成シート」は互いに深く関わり、学研全体のものとも相似形になるはずだ。それは部署や役職がどうであれ、誰もが同じ価値観を持ち、同じ高みを目指し、同じ経営判断ができることを意味する。つまり経営のスピードが上がり、しかも間違わないわけだ。

これを「フラクタル（自己相似性）な組織」という。最強の組織形態であることは言うまでもない。あらゆる企業や組織は、こういう姿を目指すべきではないだろうか。

後継者について考える

私の手元には、まだ切っていない〝カード〟が複数枚ある。さらに収益を伸ばすプランだったり、新事業への布石だったり、部門別に収益が落ちてきた際の打開策だったり等々。それぞれ周到に計画して用意したものだ。

これらのカードをタイミングを見計らって切ることは、何ら難しくない。しかし問題は、手持ちのカードの枚数が減りつつあることだ。10年前に100枚あったとすれば、今は30枚ぐらいだろう。かつて1年間に10枚ぐらい作っていたとすれば、今は1～2枚程度かもしれない。要するに、新たなカードの種を蒔いたり育てたりする機会が減っているわけだ。

その理由の1つは、後継者の育成に時間や労力を割いているためだ。これは指名・報酬諮問委員会によって社長の義務とされている。日本の多くの上場企業は、責務のようにこのルールを持っているだろう。ただそれが本当に正しいのか、私は少し疑問に思っている。

育成にリソースを割くことで経営に遅延や端境期が生ずるとすれば、それは大きな損失だろう。昨今は外部からプロの経営者を高い報酬で招聘する事例が見られるが、もしかするとそのほうが効率的なのかもしれない。

第6章

日本の「学研」から
世界の「Gakken」へ

『科学』の残照はアジアへ

かつて『学習』と『科学』の休刊が決定的になったとき、私はせめて『科学』のコンセプトだけは残したいと考えた。子どもに科学の「驚き、喜び、発見」を提供することはいつの時代も大切だし、学習教材を開発・販売する会社として、科学の旗を掲げ続けることこそが正義であるという意識もあったからだ。また私自身、『科学』を読んで育ち、学研で働きたいと思った１人でもある。

そこで当時、新たに立ち上げたのが「科学実験教室」（現「科学教室ぷらす」）だ。過去に『科学』が編み出した付録のうち、金型が残っているものの中から選りすぐりの36点を再生産し、それを教材として使う教室を開設したのである。

この教室は現在も存続しているが、当時、これを高く評価してくれたのが、インドで科学実験教室を「ブレーンカフェ」という名前で展開したジーラーン社だった。同社によれば、「デジタル全盛の今の時代にあって、学研の教材は失敗の仕方を教えてくれる」とのこと。パソコンやスマホを当たり前のように使いこなす今の子どもたちは、手作業で何かを作ったり試したりという経験が圧倒的に足りない。国家レベルで見れば、それは将来の科学技術の衰退に直結する。そこに歯止めをかけられるのが学研の教材である、というわけだ。

おかげで、インドでは計45万会員を獲得することができた。その勢いを借りるように、タイでも15万会員を獲得した。特に好評を博したのは顕微鏡だ。余談ながら、日本も含めた農耕民族のアジア人は、概してミクロの世界を覗き込むことに興味があるようだ。それに対して狩猟民の欧米人は、ミクロより宇宙への関心が高い。だからどうという話ではないが、科学の世界においても、民族性の違いはかなり明確に色分けできるように思われる。

それはともかく、日本も事情はまったく同じだろう。もともと日本人は手先が器用と言われてきたが、小さいころから手作業をしていなければ、器用さも育たない。また『科学』の付録の中には親子で一緒に作ることを想定したものもあったが、親も忙しいのでそういう機会は減ってしまった。『科学』が売れなくなったことと、科学技術立国としての地位が危うくなってきたことは、あながち無関係とは言い切れないのではないだろうか。

逆に言えば、優れた教育や教材は容易に国境を越えるということでもある。この一件は、後に学研が海外進出を図る原点ともなったのである。

世界中の子どもたちに、図鑑や絵本を届けたい

今、学研が積極果敢に取り組んでいる課題は大きく2つある。デジタル化とグローバル化だ。まずデジタル化について。すでに電子書籍は出版業界全体でかなり浸透している。特にマンガ

については、本や雑誌からの移行がスムーズだ。これは、そのままグローバル展開にも直結している。

またグローバル化について。出版社によっては、海外企業のM&Aにも積極的だ。例えばリクルートはアメリカの求人検索サイト「インディード」をグループ・インすることで、一気に世界進出を果たした。あるいはベネッセがアメリカ発祥の語学学校「ベルリッツ」を完全子会社化したのは、２００１年だった（２０２２年譲渡済み）。また出版ではなく新聞だが、日本経済新聞社が巨費を投じてイギリスの老舗経済紙『フィナンシャル・タイムズ』を傘下に収めたことも、記憶に新しい。

海外に目を転じれば、イギリス発祥の世界最大の出版社ピアソンは、１９７０年に英語の教科書『ペンギンリーダーズ』で知られる出版社ペンギンをグループ・インして以降、勢いを増した。今ではＯＥＣＤが加盟国を対象に実施している「学習到達度調査」のバックヤードを請け負っている他、人工知能の開発にも余念がない。学研が使っているＡＩエンジンも同社からライセンスを得たものだ。

こうした動きに、学研も乗り遅れるわけにはいかない。例えば図鑑は、世界中の子どもにとって不可欠な教材だ。写真や図で好奇心を刺激し、基本的な知識を提供し、いつか本物に出会いたいと思わせる手助けをする。これは、学研がもっとも得意とする分野である。動物図鑑なら、それぞれの国向けに、その国にはいない動物を重点的に紹介するような内容にしてもいい。デジタルならより容易にできる。これに関連した取り組みとして、「ナニコレンズ」という図鑑アプリを2022年7月にローンチしたが、大変好評をいただいている。

ただし、まだ単独でグローバルに進出できるノウハウが不足しているので、海外の出版社やeラーニングを行っているIT企業との提携を模索したいと考えている。

例えば以前、ある自然・科学系雑誌の日本版刊行を交渉したことがある。その高品質で豊富なコンテンツを学研が料理すれば、もっと魅力的に見せることができると考えたからだ。

あるいは絵本や童話も、言葉の壁が比較的低いので海外進出しやすい。しかも日本からの発信が遅れている分野でもある。だいたい欧米のグリム童話にせよイソップ物語にせよ、一見すると平易で子ども向きのようでありながら、社会の厳しさや世知辛さを教える内容になっている。大人が読んでも面白いのはそのためだ。

一方、昨今の日本の絵本や童話は、かわいい、楽しいだけで終わってしまうことが多い。これでは、世界中の子どもには受け入れられても、大人が読もうという気にはならないだろう。しかし、例えばひと昔前のテレビアニメ「まんが日本昔ばなし」で描かれた世界観なら、十分に教訓的で大人でも楽しめる。海外の出版社と組んで英訳版のようなものを作れれば、世界へ打って出ることができるはずである。

海外展開も「ぬるい」M&A戦略で

また出版のみならず、教育や介護の分野でも、最終的には欧米への進出を果たしたいと考えている。当面の目標は、アジア各国の出版やコンテンツ、教科書や進学塾、eラーニングなどの分野で圧倒的な地位を確保することだ。

すでに進学塾の分野では、早稲田アカデミーと提携し、シンガポールに2校、台湾に1校、ベトナムに2校、マレーシアで1校（オンライン授業のみ）を開設している。年間で合計1億円以上の利益を出しているから、とりあえず合格点と言えるだろう。ただこれらは、いずれも海外在留邦人の子どもたち向けの塾だ。したがって場所が海外というだけで、日本語で日本のカリキュラムに沿った教育を行っている。

今後、日本語学校や学研教室の現地版を開いたり、そこで使う教材を開発したり等々、やるべきことはまだまだある。

それによって各地に教育の基盤を作った上で、次に医療福祉分野で海外進出を図る。日本国内だけを見れば、医療福祉事業は高齢者人口が増え続ける2040年まで確実に伸びる。言い換えるなら、それ以降は国内マーケットが縮小に転じるということだ。だから今から2030年ごろまでは、毎年15～20施設を新設する。また2030年から35年まではペースを落とし、施設のオーナーとの契約も20年にして高齢者減少時代に備える。これが国内の医療福祉事業の青写真だ。

一方、現時点において、アジアでは介護施設や介護保険などの福祉制度が整っていない国のほうが多い。だから進出したくてもしにくい状況にある。しかし2035年ごろになれば、各国とも高齢化がかなり進行し、政策的に対応する制度も整えているはずだ。そのタイミングを狙って進出すれば、日本と同様に教育と医療福祉の2本立ての展開が可能になる。これも、まったく無理のないシナリオだろう。

いずれにせよ、海外展開においてもM&Aは欠かせない。すでに述べたとおり、学研の国内でのM&Aはしばしば「ぬるい」と評される。けっして〝占領軍〟のように統治するわけではないし、経営者の入れ替えやリストラも行わない。提携してシナジーを追求するのみ。しかしこれが、中長期的に大きな利益につながっているのである。

外国企業に対するM&Aでも、この方針は変わらない。むしろ外国企業は海千山千なので、いっそう慎重に見きわめ、シナジーを計算する必要がある。場合によっては、伸びしろのない企業を最高値で掴まされることにもなりかねない。

海外展開で教育文化を守る

それにしてもなぜ、教育分野で海外へ進出する必要があるのか。もちろん少子化により、国内のマーケットが縮小に向かうことは理由の１つだ。しかし、それだけではない。端的に言えば、「教育という文化を守るため」である。

基本的に、特にアジア各国において欧米流の教育は合わないと私は考えている。日本を含むアジア各国の人々は、歴史上、農耕民族が多く、対して欧米の人々は、基本的に狩猟民族や騎馬民族だといわれている。

この違いは、しばしば小数文化圏と分数文化圏とも言い換えられる。農耕民族は、稲穂などの農作物が昨日より何ミリ伸びたか、いつ収穫できるかに生活を懸ける小数文化圏である。それに対して騎馬民族・狩猟民族は、他者の領地などの財産から何割収奪できるかと発想する分数文化圏だ。

これらの文化は、長い年月とともにそれぞれの国や地域で根付いたもので、その壁を乗り越えることは、本来容易ではない。ところが、欧米の教育や思考法をアジア圏でも理想とする風潮がしばしば見られる。

実際、現在の日本を含めて世界各地にあるインターナショナルスクールでは、すべて欧米流のプログラムで教育が行われており、駐在または在住する日本人の子どもも、また日本国内の優秀な子どもも、少なからず通っていることは周知のとおり。また昨今、フランス系の国際バカロレアの認定校も国内に増えつつある。

あるいは日本の富裕層の子どもも、早い家庭では中学・高校から海外の名門校に留学している。

もちろん欧米流の教育に優れた部分も多いし、現代のようなグローバル社会で英語を学ぶメリットがあるのは間違いない。しかし、アジア圏で欧米流の教育が本当になじむのか、疑問に思うところがある。

余談ながら、その延長線上にあるのがＧＡＦＡＭに象徴されるような巨大企業による覇権主義だ。その世界戦略の凄まじさは、誰もが認めるところだろう。しかし、一部の企業に世界からの情報や富が集中する状態は、健全とは言えない。

それはともかく、本来、教育にはそれぞれの国ごとに最適な方法があるはずだ。日本はもちろん、アジアであれアフリカや中南米であれ、欧米流に画一化されるべきではないのではないか。大袈裟に言えば、アジアの企業として、学研はそこに対峙するのが使命だと、私は考えている。

もっとも、欧米の学校や教育産業と全面対立するわけではない。提携できるところは提携し、海外進出のノウハウなどを学びながら、その国や地域にあった教育を追求する。いわば「和魂洋才」の発想で挑みたい。

母国語を失ってはならない理由

とりわけ重要なのが、国語教育だ。脳科学によれば、思考力を司るのは言語脳だという。つまり言葉でものを考えるということだ。だから専門家の中には、英語の早期学習に反対する意見が少なくない。まず母国語の読み書きをしっかりマスターさせ、思考の土台を作ることが重要ということだ。

大人にとっても同様だ。母国語の語彙が豊かになるほど、その国、その風土ならではの思考も豊かになる。だからどんな民族であれ、アイデンティティを保つためには言語を守らなければいけないのである。

母国語を大切にすべく、学研では海外進出の際に、ミャンマー語やタイ語など、それぞれの言語で教材を作っている。今のところ、さして売れているわけではないが、きっと30年先には評価してもらえると信じている。

もっとも、国語教育を見直すべきなのは日本かもしれない。最近は英語教育の重要性が叫ばれ、小学校から教えるようになっている。たしかに国際人を目指すなら、英語が話せることは最低条件だろう。だが英語教育を重視するあまり、日本語による思考が妨げられては元も子もない。

日本最大の輸出品は「道徳」である

イギリスの有名な作家ジェームズ・アレンは「成功の秘訣は教えられないが、失敗の秘訣はすべての人を喜ばすこと」と述べたといわれているが、日本は間違いなく例外だ。

例えば近江商人による「三方よし（売り手よし、買い手よし、世間よし）」が多くの企業によって掛け値なしに信奉され、実践されてきた。渋沢栄一が著書『論語と算盤』で説いたように、道徳と経済は両立するというのが日本人のスタンダードな考え方だろう。だからこそ、明治維新以降の殖産興業・富国強兵も、太平洋戦争後の奇跡の復興も成し遂げたのである。

もしかすると、その経緯は日本人よりアジアの指導者層のほうが詳しいかもしれない。かつてインドのモディ首相が来日した際、日本の小学校を見学したいという希望を受け、学研が手配したことがある。首相は子どもたちが全員で雑巾がけをしたり、吹奏楽を演奏したりする姿を見て感動されていた。

周知のとおり、インドは「ゼロ」を発見した国であり、また教育熱もきわめて高い。その国のトップが日本の学校で見たかったのは、道徳教育らしい。

あるいはかつてインドネシアを訪問した際には、当時のハビビ大統領から歓待を受け、晩餐会の席で自ら「赤とんぼ」の歌を披露された。ご自身が幼いころ、日本兵から教わったそうである。日本に悪い印象を持っていたら、このような歓待はされなかっただろう。

あるいはマレーシアで長く首相を務めたマハティール氏も、台湾の総統だった李登輝氏も、親日家だったことで知られている。戦時中、日本はもちろん悪事も働いたが、それぞれの国のその後の発展にも少なからず貢献していたのではないだろうか。

その根底にあるのが日本人の道徳心であるとすれば、それは持って生まれたものというより、長年の道徳教育によって培ってきたものだ。実際、道徳を学校で教えている国は、意外と少ない。

逆に言えば、道徳は日本からの貴重な〝輸出品〟になり得るということでもある。

日本人はいかにして「道徳」を身につけたか

日本の学校教育のルーツは、江戸時代にある。庶民の子どもが通う寺子屋は全国で２万カ所、武士の子弟が通う藩校も１０００ほどあった。これは、当時としては世界一の規模である。それほど教育に力を入れていたということだ。だから江戸末期には、世界に類を見ないほどの識字率を誇っていた。

ちなみに藩校の中でも薩摩、長州、土佐、会津、長岡などの各藩では、武士の子弟のみならず、庶民の優秀な子どもも通わせた。これらの藩が雄藩として栄え、幕末の明治維新とその後の近代化を牽引したことは偶然ではないだろう。

また明治時代から戦前の学校教育には、国家神道の思想を反映した「修身」の授業があり、また大家族のおじいちゃん・おばあちゃんによる家庭教育もあった。特に資源もない極東の島国が欧米列強に肩を並べるほど急成長できたのは、ひとえに高質で裾野の広い教育の賜物だ。

その後、太平洋戦争後の教育システムの刷新で、「修身」の授業は一旦、学校現場から姿を消す。そして、「道徳」が授業として誕生するのは、戦後13年を経た１９５８年（昭和33年）から。高度経済成長の始まりに当たる当時、都市化・核家族化によって家庭教育も疎かになり、子どもにしつけを教える機会が減った。そこで改めて、学校における道徳教育の役割が認識されたのである。

例えば列を乱してはいけないとか、横から入ってはダメとか、おじいちゃん・おばあちゃんはいたわりなさいとか、弱い者を助けなさいなど、当たり前のことは当たり前に教えなければならない。だが、こういう道徳心が試される場面が少ないため、教科書を通じて学ばせる必要がある。今にして思えば、よくぞ復活してくれたという気がする。

その成果が、例えば先の東日本大震災時にも発揮されたことは誰もが記憶しているだろう。たいへんな困難の中、各避難所で整然と列を作り、食糧や水などの支給を待つ姿が世界中を驚かせた。特に治安が乱れたりすることもなかった。それだけ、道徳心が日本人に根付いているということだ。これは日本の文化の一端として、もっと世界に誇ってもいいかもしれない。

すでにインドネシアでは、学研教室の放課後版であるアフタースクール事業を80校で実施し、そこでは、学研教室のコンセプトである「徳育」も組み込まれた。その結果、子どもたちがきちんと整列したり、目上の人に挨拶したり、教室を掃除したり、自分で出したゴミは自分で捨てるようになった。

あるいはタイやインド、マレーシア、ミャンマーなどアジア各国で学研の教材を紹介した際にも、科学実験キットと同じくらい道徳の教科書にも興味・関心を持っていただいた。

ならば、そんな道徳を積極的に輸出しない手はない。それぞれの国への貢献にもなるし、結果的に日本の評判を高めることにもなる。将来的には、各国の公教育にも参画したいと考えている。

日本こそ公教育の再構築が必要だ

ただし、今もっとも道徳教育の強化が必要なのは、他ならぬ日本かもしれない。

すでに述べたとおり、もはや家庭教育には期待できない。都市部では地域ぐるみで子どもを見守り、育てるような風土も消えつつある。だからその分、学校教育がより大きな役割を担わなければならないのである。ちなみに、都市化・核家族化によって公教育の比重が増すことは、古代ローマ時代からある歴史の必然だ。

これまでは公教育が比較的しっかりしていたから、教育水準も道徳のレベルも高かった。しかし昨今は、公教育も道徳心も劣化している気がしてならない。

それを象徴する出来事が、一連のコロナ禍に起きた。感染予防のためのルールがさんざん周知されたにもかかわらず、それを無視または軽視する一群が少なからずいた。おかげで感染者数は拡大の一途をたどり、一時は医療崩壊が危ぶまれるほどだった。一方で政府の対応を批判する声が喧しかったことも、記憶に新しい。

このような事象が増え、日本人が培ってきた道徳心さえ欠如することになれば、それは単なる矜持の問題ではなく、経済力やひいては国力にも関わる問題である。

例えばもし、道徳心で感染予防のルールが徹底され、世界に先駆けてコロナ禍から抜け出すことができていたら、経済も人流もいち早く回復していたに違いない。もちろん世界からは驚きとともに称賛され、「日本を見習おう」という国が相次いだはずだ。それは日本の教育レベルと道徳の高さを世界に広める絶好のチャンスだった。残念ながら、私たちはそれを逃してしまったのである。

実際、現在の教育現場は、直面する基本的な問題にすら解決策を見出せていない。端的に言えば、救うべき子どもを救っていないのである。いじめ問題にしろ不登校の問題にしろ、ほとんど策を講じていないのが実情だろう。

あるいは幼児教育・保育や高校の無償化にしても、近所に通える施設や学校があることが前提だ。それらがない離島や過疎地に住む子どもにとっては、何らメリットのある話ではない。

加えて、子どもの学習障害等への対応にも、課題が残る。障害のあるなしにかかわらず、等しく教育を受ける権利が保障されなければならない一方で、当の子どもが授業についていけなかったり、仲間はずれにされたりすることが少なくない。

この問題の解決には、周囲の人々の「合理的配慮」や「個別支援」の再認識を促すとともに、制度面でも彼らの学ぶ権利が侵されない環境づくりが必要である。この部分において、日本はかなり立ち遅れていると言わざるを得ない。

これらの子どもの数は、全国で見れば少数かもしれない。しかし、だからといって放置していい話ではない。このままでは、さまざまな事情で落ちこぼれる子どもが増えてしまう。公教育が果たすべき最低限の役割を全うできていないわけだ。それは子どもの将来を危うくするばかりではなく、日本の将来をも暗くしてしまうことになるだろう。

AIを使って児童虐待やいじめ・不登校問題に先手を打つ

政府には、教育問題について有識者が協議する審議会や委員会が複数ある。私もいくつかにメンバーとして名を連ねているが、ほとんど高等教育の話が中心だ。海外に留学する学生をいかに増やすか、世界における日本の大学の地位をいかに高めるか、といった具合である。

だが、今日の大学進学率は53％。この数字はけっして低いわけではないが、裏を返せばおよそ半数の若者は大学に行っていないわけで、彼ら・彼女らへの教育が行き届いているかも重要な問題だ。一部のエリート層を育てることも大事だが、全体の底上げを図ることこそ日本の急務である。

よく指摘されるとおり、日本の教育への公的な支出は小さい。ＯＥＣＤ（経済協力開発機構）がまとめた『図表で見る教育２０２１年版』によれば、「教育機関に対する総支出の対ＧＤＰ比（２０１８年）」は４％。ＯＥＣＤ加盟国の平均４・９％を下回り、加盟38カ国中31位の低さだ。ちなみにアメリカ、イギリスは６％を超えている。

まして昨今は所得格差が拡大し、「子どもの貧困」も深刻な問題になっている。恵まれた環境にいる子どもだけがエリート教育を受け、そうではない子どもは公的にも救われないという図式がある。

この状況を象徴するのが、KADOKAWAとドワンゴが2016年に開校したN高等学校の隆盛だろう。インターネットを利用した通信教育が中心の高校だが、ユニークなカリキュラムや比較的安価な学費が評判となり、生徒数はすでに2万人を超えているという。見方を変えれば、既存の高校に不満や通いにくさを感じている高校生、もしくは既存の高校に子どもを預けたくない親御さんがこれほど多いということでもある。

それを真摯に反省し、既存の教育システムを見直す必要があるだろう。まず国家として、教育により多くの予算を割くべきなのは言うまでもない。ただでさえ少子化が進行している昨今、せめて個々人の質を高めることは至上命題であるはずだ。

その上で、例えば児童虐待やいじめに対しても打つ手はある。学研は言語解析のAIの開発を手がける株式会社FRONTEOと協力し、東京都の児童相談所に寄せられた相談記録のデータベース化を行っている。過去の経験を踏まえ、どういう言葉が出てきたら児童相談所としてどう対応すべきか、AIにその判断をさせるわけだ。できるだけ早期に事態を把握することで、悪化の芽を摘む狙いがある。

あるいは、子どもどうしのSNS上のやりとりにも応用可能だろう。人を深く傷つけるような誹謗中傷が飛び交っていたり、意図的に誰かを無視したり等々、ＳＮＳがいじめの温床になる可能性は高い。ならばＡＩで監視し、いじめに関連する言葉が出た時点で対処できるようなシステムを整える必要がある。

また学研としては、不登校の子どもたちも通えるフリースクールや、通信制高校の卒業を支援するサポート校も開いている。彼ら彼女らが、けっして焦りや孤独を感じないようにすることが主な目的だ。子どもたちに居場所としての安心感を持ってもらい、学校復帰につなげていくこともある。学校や行政との連携をどのように深めていくかが今後の課題である。

そもそも、子どもの社会は大人の社会を映す鏡だ。テレビ番組でも、国会でも、大人どうしのいじめ的な言動は日常的に横行している。その姿を見て、子どもは「自分もやっていいんだ」という気になる。子どものいじめ、不登校や引きこもり、さらに自殺を食い止めるには、大人の社会を全体から見直して範を示す必要があるだろう。

大自然の中で「恐れ」を知れ

また学校生活においても、もう少し工夫があっていい。

とりわけ重要と思われるのが、生き物の生死を目の当たりにする経験だ。カマキリやゲンゴロウなどの昆虫を観察するのもいいが、できれば動物のほうが望ましい。かつては学校でウサギやニワトリなどが飼われていたが、最近は減りつつある。しかし本来、世話を通じて愛情を育んだり、生命の尊厳について学んだりする経験はきわめて貴重なはずである。

さらにその延長線上で重要なのが、大自然と触れ合うことだ。野生の生き物の逞しさや、海や山のとてつもない存在感、雨や風や雷の恐ろしさを全身で体感することにより、自分の小ささを知る。それによって、逆に生きていることを実感できたり、仲間と協力することの大切さに気づいたりするのである。

人間には本来、恐れを抱く対象が必要だ。どう太刀打ちしても敵わない相手がいるから謙虚になり、自分の存在意義を確認できるのである。原点に戻って自然界にそれを求めることは有効だろう。

実際、アメリカにはサマーキャンプの習慣がある。10代までの子どもたちが、自然の中で1カ月単位の共同生活を送るというものだ。これだけ長ければ嵐や雷のような猛威もあるし、仲間内の諍いもある。そういう不自由な暮らしを経験することで、肉体的にも精神的にもひと回り逞しくなって帰ってくるのである。

ここ2年は、コロナ禍によってキャンプどころか修学旅行や遠足も行けなかったし、登校さえままならなかった。自宅に引き籠もらざるを得なかった子どもたちは、むしろこれ幸いとゲームに勤しむ時間が増えたという。

しかしゲームと自然とは、ある意味で対極的な存在だろう。自然界では、人間には制御できないことばかり起こるが、ゲームの世界は基本的に自分でコントロールできてしまう。だから何もおそれないし、バーチャルとはいえ平気で人を傷つけられるし、うまくいかなければリセットボタンを押すことで逃げられる。そのような世界にだけ生きていては、本当の意味で人間性を育むのは難しいだろう。

やがてコロナ禍が完全に明けたとしても、いきなり自然体験に連れ出すことは難しいかもしれないが、せめて対抗軸として習慣化させるべきなのが読書体験だ。自然界を含め、世の中のことを広く深く知って考えるようになれば、相応の能力は形成される。もっと知りたいと思うようになる。

学研の使命は、これからもその期待に応えられるようなコンテンツやサービスを世に出し続けることである。

あとがき

本書を出版することになったきっかけは、約2年前に遡る。東洋経済新報社主催の「トップリーダーズカンファレンス2021　経営者のための新・M&A戦略」という講演に登壇したときのことだ。当時の同社代表取締役会長だった山縣裕一郎さんとは、日本雑誌協会でご一緒していたこともあり、その日も私の控室までご挨拶に来てくださった。その場で、講演テーマである〝M&A〟についての話になったのだが、話をするうちに私の経験がなかなかに稀有なものであることがわかり、山縣さんから「うちでM&Aに関する本を出しませんか？」とご提案いただいたのだ。

思えば、自分がM&Aを始めたとき、実践的な指南書はほとんどなかった。概論をいくら読んでも、実際のM&Aの現場で何が起きているかはわからない。何から始めればいいのか、どう交渉にもっていくのか、すべて手探りで進めるしかなかった。そんな私の経験が本になれば、これからM&Aにチャレンジする経営者や、M&Aで悩んでいる経営者たちの役に立てるかもしれない。そうなればこれ以上に嬉しいことはない。そう思い、私は山縣さんからのご提案を引き受け、この本を出版するに至ったのだ。

本書に掲載した私の経験には失敗談もあるが、これはほんの一握りに過ぎない。今までの案件が１００件あったとすれば、実に20勝77敗３引分といったところだ。講演やメディアで取り上げていただく話は成功談ばかりだが、その裏では、成功の何倍もの失敗を経験している。そして私のＭ＆Ａでは、成功、失敗問わず膨大な〝種まき期間〟がある。グループ・インしていただきたいと思ってから、関係を構築するだけでも時間を要するが、さらにここぞというタイミングが訪れるのを待ち続けるためだ。なかには、15年以上取り組んでいる案件もある。「そうまでしてＭ＆Ａしたいのか」と思う方もいるかもしれないが、これは私のＭ＆Ａに対する信念が関係している。

学研は、Ｍ＆Ａを活用してＶ字回復を実現したが、これは単に売上が積み上がって業績が向上したわけではない。グループ・インした会社と既存事業とのシナジーが発揮できたからこそ、今の学研がある。学研教室から塾へ、リアルのコンテンツからオンラインやメタバースへ、グループ内で顧客をつなぐことができれば、学研もグループ・インする会社も得になる。その結果、グループの業績が向上すれば、もとのオーナーや社員、学研の株主までも喜ぶことだろう。こうした「すべてのステークホルダーにプラスになる」Ｍ＆Ａが私の信条だ。こちらの都合で話を進めることはこの信条に反する。お互いが本心で「一緒にやっていきたい」と思えなければ意味がないのだ。私にとってＭ＆Ａは、一緒に仕事をする仲間が増えること。先方の歴史や社員とともに、学研グループとして成長していけることが何より嬉しい。

また、M&Aを重視するもう1つの理由に「日本の事業継承の難しさ」がある。日本は戦後、財閥解体とともに相続税が高く設定された。会社を継ぐ際、後継者には相続税が課せられるため、特に中小企業で事業継承が難しくなってしまったのだ。国内企業の99・7%は中小企業で、日本を代表する技術や商品を持つ会社も少なくない。それらを次世代につないでいくのは、ある意味、日本の〝伝統〟を引き継ぐことでもある。後継者がいないために会社をたたむ人が増えれば、日本の伝統は失われていくだろう。後継者問題に直面する会社をM&Aで救うことができれば、日本の未来にとっても意義がある。日本の技術力に世界が目を見張り、アメリカに迫るGDPを誇ったのはもはや30年前。通貨を統合しつつ各国の自由度を残すEUのように、日本も各企業が自由のもとで事業を育て、強い個の集団として、再び世界経済を牽引する存在になることを期待している。

そして最後に、本書出版のきっかけをくださった山縣さん、編集担当の岡田さん、島田さん、そして私の恩師であり、本書に推薦文をお寄せいただいた野中郁次郎先生に、心からの感謝を表し、締めくくりとさせていただきたい。

学研ホールディングス 代表取締役社長　宮原博昭

【著者紹介】
宮原博昭（みやはら　ひろあき）
株式会社学研ホールディングス 代表取締役社長
1959年広島県生まれ。防衛大学校卒業後、貿易商社を経て、1986年に株式会社学習研究社（現 学研ホールディングス）入社。学研教室事業部長、執行役員、取締役を歴任し、2009年学研ホールディングス（以下HD）取締役に就任。学研塾HD、学研エデュケーショナル、学研教育出版の代表取締役社長兼任を経て、2010年12月、学研HD代表取締役社長に就任。教育と医療福祉を中核とした事業改革を牽引し、13期連続増収、8期連続増益のV字回復を果たす。現在、日販グループホールディングス株式会社社外取締役、公益財団法人古岡奨学会理事長、一般社団法人日本雑誌協会副理事長などを務める。

M&A経営論
ビジネスモデル革新の成功法則

2023年3月23日発行

著　者——宮原博昭
発行者——田北浩章
発行所——東洋経済新報社
〒103-8345　東京都中央区日本橋本石町 1-2-1
電話＝東洋経済コールセンター 03(6386)1040
https://toyokeizai.net/

装　丁…………橋爪朋世
D T P…………アイシーエム
印　刷…………港北メディアサービス
製　本…………積信堂
編集協力………島田栄昭／パプリカ商店
編集担当………岡田光司
　Printed in Japan　ISBN 978-4-492-50342-3